MUSEUM
OF LIFE

STEVE PARKER

生命的
博物馆

（第 2 版）

［英］史蒂夫·帕克 著

庞丽波 译

重庆大学出版社

目录 contents

纪录片《生命的博物馆》中的主持人（从左到右）：凯特·贝灵翰姆（Kate Bellingham）、克里斯·范·图勒肯（Chris Van Tulleken）、吉米·多尔蒂（Jimmy Doherty）、马克·卡瓦丁（Mark Carwardine）、莉兹·保林（Liz Bonnin）

序

马克·卡瓦丁

当我被邀请在英国广播公司（BBC）的电视纪录片《生命的博物馆》中担任主持人时，我简直不敢相信自己是如此地幸运。试想一下，到一座世界上最杰出、最令人惊叹的博物馆去探索寻宝，那里有 350 多位著名科学家——包括植物学家、昆虫学家、矿物学家、古生物学家、动物学家，等等。他们在幕后默默辛勤地从事着令人惊叹又经常是先驱性的科学研究工作。

这座深受人们喜爱的自然博物馆是世界上拥有自然标本数量最多的机构之一——总计 7000 万件的藏品都被汇集在这个星球上最引人注目和美丽的建筑物里。从恐龙"迪皮"和大王乌贼"阿奇"到伟人查尔斯·达尔文收集的生物标本和阿尔弗雷德·拉塞尔·华莱士赫赫有名的手稿，这座自然的圣殿是永无止境的灵感和快乐的源泉。

这些藏品来自生命的每一个领域和地球上的每一个角落，为大众熟知和喜爱，其数量之多难以想象。当我还是一个小男孩时，我就经常来博物馆参观，但是直到今天我都没有把博物馆的藏品全部看完。

然而，在许多方面，幕后的宝藏更令人惊讶。在我们拍摄期间，我度过了很多个愉快的白天和傍晚：在堆满了待研究标本的巨大库房里四处搜寻，经常能碰到非常特别、独一无二的标本；在像迷宫一样看不见尽头的走廊里闲逛；不敢相信数万米长的储物架被数不清的保存着标本的瓶子、箱子压得喘不过气来；穿过一扇又一扇门，有些门毫不起眼，好像在和你开玩笑，而有些门确实是非常隐秘的，要么门上写着"禁止入内"，要么打开时嘎吱作响——似乎它们已经许多年没有被人打开过了。在那里，人好像进入了一个完全令人着迷的世界。但是目前，只有很少人能有这种机会推开这些门去一探究竟。

如果你感觉有点嫉妒的话，那可完全没有必要。因为所有这些，实际上还有更多的内容，都包含在《生命的博物馆》这本极具洞察力的书中。本书也是专门为BBC这部同名纪录片出版的。这本书将读者带入一个不可思议却又妙不可言的世界，比如，介绍一些比较出名的展品背后的逸事，解释它们的来历以及保存方法，揭示那些神秘古老的门后面所隐藏着的珍宝，以及介绍博物馆的科学家们卓越的、开创性的研究工作。

这本书可读性非常强，读起来相当刺激，里面的故事涉及历史、探险、阴谋、发现、科学和激情。如果你还没有去过这座博物馆，那么这本书会让你身临其境。享受吧！

代译序

周忠和

中国科学院院士

中国科普作家协会理事长

非常高兴能够应邀为《生命的博物馆》作序。本书译自英国伦敦自然博物馆出版的 *Museum of Life*，由于是为配合 BBC 的同名纪录片而专门出版的科普图书，它的内容自然十分通俗，也极富知识性和趣味性。

伦敦自然博物馆是世界上最负盛名的自然博物馆之一，自然标本收藏量达 7000 万件之多。其中不仅有许多著名的生物类（包括化石的）标本，而且其历史和收藏还与许多伟大的历史人物如达尔文、华莱士、赫胥黎、欧文等人紧密联系在一起，这赋予它更多的传奇色彩，每年吸引数百万来自世界各地的参观者。

化石收藏是这个神奇博物馆重要的组成部分。其中最有名气、最有价值的一件化石恐怕就是始祖鸟——迄今世界上发现的最古老、最原始的鸟类。自 1861 年首次被发现以来，它就一直被人们视为连接鸟类和爬行动物祖先的过渡类型，成为支持达尔文进化学说的重要化石证据之一。本书在介绍这一化石最新研究成果的同时，也会告诉读者，中国近年来发现的带羽毛的恐龙已经成为鸟类起源于恐龙的最新证据。

本书不仅对馆藏中最具代表性的标本的科学价值娓娓道来，还引出了一个个精彩的幕后故事，并且配有许多精美的插图，因此读起来十分轻松愉快。

人物故事自然也是本书的重心之一。从创立了伟大进化论的达尔文到创造了"恐龙"一词并担任伦敦自然博物馆首任馆长的欧文，再到他们之间的恩恩怨怨；从英国著名的化石猎人玛丽·安宁，到给予博物馆有史以来最大单笔捐赠的罗斯柴尔德……一个个精彩的人物故事不仅仅讲述了一段段不太久远的历史，而且在向我们传递一个重要的信息：人类对自然与生命的憧憬和崇敬是自然博物馆具有永久生命力的奥秘。

此外，这本《生命的博物馆》还对博物馆的历史、教育理念的变更，以及最新科学技术在博物馆馆藏中的应用进行了介绍，让读者充分感受到博物馆永远是自己生活的一部分，是接受科学教育的最好场所。

译者庞丽波女士是一位年轻的古生物学者，现供职于重庆中国三峡博物馆，从事古生物学、古人类学领域的工作。她大学时学习的是生物专业，硕士期间在中国科学院古脊椎动物与古人类研究所学习、研究古哺乳动物学。这样的学术背景和经历使她对本书的专业内容有极为准确的理解，同时，她的努力令本书的中文明白晓畅，可与原著的优美英文交相呼应。

正在快速发展中的中国，近年来博物馆事业蒸蒸日上。人们对生物多样性及环境保护的意识也日益提高。然而，毋庸讳言，我们的自然博物馆与世界一流的自然博物馆相比，无论是馆藏数量，还是历史、文化、管理理念等方面都存在不小的差距。仅此一点就足以说明，本书中文版的出版无疑具有很重要的现实意义。

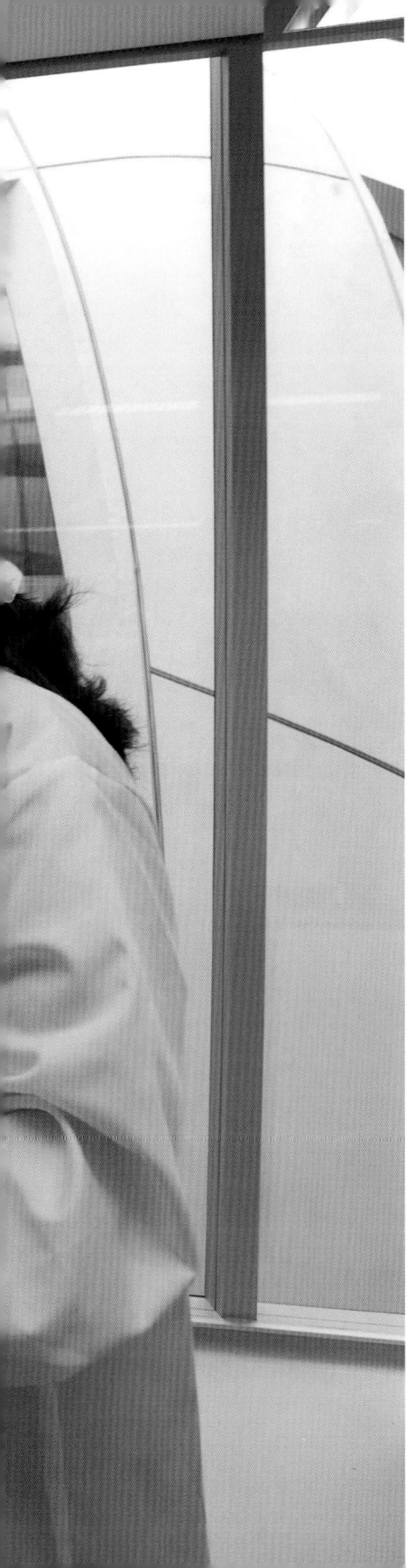

现代世界的博物馆

我们今天所熟知的公共博物馆最初出现于 18 世纪。它们经有钱人的私人珍品收藏发展起来。在很长一段时间里，它们坐落的地方"普通"人只能用惊奇的眼光注目一下，仅此而已。然而，时代是不断变化的。如今，博物馆作为领先的全球资源，为了应对未来的挑战，正在回应我们这个时代提出的要求。

古希腊的缪斯（Muse）女神，被奉为知识和文学、诗歌、艺术、神话背后的灵感源泉。地上的希腊人注视、思考这个世界并创作伟大的作品时，他们能够深入思考或者说沉浸在知识的泉源中，而他们"冥想"（muse）的地方被称为"博物馆"（museum）。渐渐地，这些地方被越来越多自然、艺术和文化的精品占据，包括自然界的晶体、植物和动物，以及珍贵的绘画、雕塑和文稿。于是，我们今天所说的博物馆就这样逐渐形成了。

坐落于伦敦南肯辛顿的自然博物馆是世界上最大的

一盒红胸八色鸫（*Pitta erythrogaster*）

在鸟类标本中被保存下来的皮毛是为了用来与近期的标本进行形态学上的对比。这些对比研究可以帮助我们发现环境变化，例如环境污染或者全球变暖对自然界生物的影响。

自然博物馆之一。它拥有超过 7000 万件标本，超过 100 万本图书和 50 万件艺术作品。在所有标本藏品中，有 5500 万件属于动物的标本，其中包括 2800 万件昆虫标本，除此之外还有大约 900 万件化石标本、600 万件植物标本、超过 50 万件岩石矿物标本和超过 3000 件陨石标本。有超过 350 位科研人员在此工作，在英国乃至全世界，伦敦自然博物馆在许多科学研究领域都是领先者，从恐龙化石和火星陨石的研究到最近对 DNA 和可持续能源的研究。

博物馆藏品的规模是非常令人震撼的，同时它们作为信息资源所包含的潜在信息量也是巨大的。这数千万件标本中的每一件都有自己的故事，等待着诉说。每一件标本又是由每一个具体的个人所收集的。大多数标本都经历了被保存和研究的过程，并有相关科学报告发表。但是，仍然有许多标本躺在博物馆的橱柜中等待被发现。这些藏品会静静地待在架子上或橱柜中，直到某天有一位科学家需要或者有时间来查看它。从这一刻起，这件物品便有望制造头条新闻，解决一个难题，建立一个新的理论，并且改变我们所有人的思维方式。

缓慢的开始

伦敦自然博物馆并非一成不变地冻结在时间的长河里。相反，它数量庞大的收藏不断经历着维护、更新、检查和改进。新技术允许原有标本在新的理论和观察的指导下被重新探索和解读。但是有一件巨大的物体依然保持着1881 年首次向公众开放时的模样，那就是博物馆最初的建筑本身。

最初由汉斯·斯隆爵士（Sir Hans Sloane，1660—1753）收集的藏品构成了今天博物馆藏品的核心。正如后人对他的评价，斯隆在当时不仅仅是一位杰出的医生，还是一位精明的商人、聪明的投资者和资深的收藏家——无论是对于他自己的藏品还是别人的收藏。

斯隆爵士将他的大部分藏品捐赠给英国政府，这些藏品被收藏在位于伦敦布鲁姆斯伯里的大英博物馆，它于 1759 年正式对公众开放。

大约一个世纪以后，在1856年，有关自然科学方面的藏品一度陷入了混乱和失修的状态。大英博物馆的领导者沉浸于艺术领域，几乎不怎么关心科学和自然领域。许多标本已经腐烂、丢失、被故意毁坏或者扔掉。在这样的背景下，恩特·理查德·欧文（Enter Richard Owen，1804—1892）被任命为大英博物馆博物学部的主管，他是一位杰出的解剖学家、生物学家和古生物学家，也是"恐龙"（dinosaur）一词的创造者和自然科学领域的开拓者，他很快开始着手在一栋安全的、独立的建筑里实施他的管理计划。

从神殿到自然

1864年，建筑师们展开了对位于南肯辛顿的新建自然博物馆的设计竞赛。最终获胜的作品是由阿尔弗雷德·沃特豪斯（Alfred Waterhouse）设计的。在维多利亚时代的英格兰，他以文艺复兴和哥特式的复兴风格而闻名于世。这座占地5公顷的建筑于1873年开始施工，并持续了将近八年的时间。这座伟大的建筑展现了对陶瓦的开创性使用、新罗马式的风格和数以百计与自然有关的装饰品——无论是植物还是动物，现存的还是已经绝灭的，其中包括猴子、狮子、翼龙、鸟类和鱼。欧文将这座建筑视为由上帝创造的万物神殿或者大教堂，它的巨大的拱形大厅正是效仿了虔诚的维多利亚人所熟知的教堂内部的形态。

转移藏品是一项巨大的工作，需要军事化的精度。有超过5万件的矿物标本被迁移到新的矿物馆。植物类藏品包括了来自约瑟夫·班克斯（Joseph Banks）的

（上页图）

成排的玻璃展柜在早期博物馆里占据主流地位。从1908年开始，电灯被逐渐安装在展厅里。因为博物馆在黑暗的冬季下午是无法对外开放的，所以这种更加明亮的感觉很受参观者的欢迎。

新的达尔文中心非常不同于博物馆的其他部分。后者聚焦于自然世界的知识，而达尔文中心则探索这些知识是如何产生的，以及当前知识和未来知识的相关性。

25 000 个植物标本夹、罗伯特·沙特尔沃思（Robert Shuttleworth）的 17 万件标本、汉斯·斯隆的 338 卷腊叶标本集（压制植物标本的集册）和许多其他标本。只是动物标本直到开馆当天还没有到位。1881 年复活节后的星期一，第一批观众挤满了展厅，他们惊奇于这些新展出的自然界奇观。第一天的观众接待量为 17 500 人次。对于欧文来说，这是一个胜利的时刻，25 年来的奋斗目标终于实现了。在以后的许多年里，这座博物馆的正式名称为 British Museum（Natural History），英文缩写为 BMNH，这反映出该博物馆作为大英博物馆的一个部分的状态并未改变。直到 1963 年，它才获得了完全的独立，并于 1992 年将其官方名称更改为自然博物馆。

我们今天所看到的这座建筑物与一百多年前开馆时相比，几乎没有任何变化，除了两侧增加了两座非常新的建筑。东边是红色区域，包括地球的展示，即我们星球的历史和蕴含的财富以及自然资源。西边是橙色区域，是最近开放的达尔文中心，里面收藏有动物、昆虫和一些植物标本，这部分内容在以后的章节中将有详细的描述。

　　与最初的沃特豪斯建筑相比，博物馆的展厅和空间已被多次重新布置。不同于维多利亚时代成排的玻璃展柜，今天的展览更像是一次壮观的、自然世界的庆典，展示了自然界是如何运转的，还运用了最新的工程、技术和电子科技方面的杰出成果。

迪皮的故事和脖子

自 1979 年以来，人们一来到这座自然博物馆的主入口，就会受到来自博物馆著名成员的欢迎——小小的头加上带着尖牙的笑，还有一张带着惨相的长脸，巨大的脖子伸出老远，四条大象一样的柱形腿和一条似乎越来越细弱的尾巴——它就是恐龙"迪皮"（Dippy），正式名称是卡内基梁龙（*Diplodocus carnegii*）。与霸王龙和蓝鲸一样，迪皮的骨架是博物馆标志性的展品，不仅被痴迷于恐龙的孩子们所熟知，也深受世界各地不同年龄段的成年人的喜爱。然而，绝大多数的参观者都没有意识到，事实上迪皮并不是真的恐龙骨架。它是一件

1979 年，这具梁龙的骨架模型被迁移到它现在所在中央大厅的位置。它的尾巴抬起，保持离开地面的状态，仿佛正准备用尾巴鞭打捕食者来进行防御。这个被改进过的姿势反映了最近关于恐龙姿势的研究成果。

复制品——根据收藏于美国匹兹堡卡内基自然博物馆的好几套真正的化石骨架还原出的一件用石膏浇铸的模型。伦敦自然博物馆的这件复制品源于英国国王爱德华七世（King Edward VII）看到 1902 年卡内基博物馆梁龙展览的图片时提出的设想：要是在伦敦有一条这样的大恐龙，看起来一定很棒。安德鲁·卡内基（Andrew Carnegie，1835—1913）是一位出生于苏格兰的美国工业家，他以自己的财富建立了卡内基博物馆和许多其他的社会公益机构。他一听说国王的想法，马上就开始着手准备一件石膏的骨架复制品作为礼物。技术人员从卡内基博物馆馆藏的 5 个不同的梁龙骨架复制出将近 300 块骨头，并将它们分装在 36 个大木箱中运往英格兰，所有这些工作共花费了 18 个月的时间。美国的技术人员也抵达英国，对这些骨头进行重新组合、装配。

1905 年，当迪皮公开亮相时，它在爱德华七世时期的英国引起了轰动。报纸的头条刊登着《欢迎，陌生的大怪物》。迪皮长 26 米，在那个时代它是已知最长的恐龙。现实中，一条真正的梁龙可能重 10~15 吨，生活在距今 1.5 亿到 1.45 亿年前侏罗纪晚期的北美洲地区。它是一种食草类型的恐龙，也就是学术上所称的蜥脚类恐龙，通俗地说就是长脖子的恐龙，这类恐龙还包括更巨大的腕龙（*Brachiosaurus*）和最近发现的甚至更庞大的阿根廷龙（*Argentinosaurus*）。由于受到观众们的厚爱，参观迪皮很快就成为博物馆一个固定的最热门的项目。

梁龙的拉丁学名"*Diplodocus*"的意思是"两个梁"，指的是在一些尾椎骨的腹面有两个像雪橇板一样的 V 形结构。当迪皮最初被组装时，它的头离地面很近，尾巴由 V 形结构支撑，在地上长长地拖着。

之前的研究成果认为梁龙生活在沼泽中，梁龙涉水通过湿地的栖息地时，水的浮力帮助它托起沉重的身体，并有利于它以水生草本植物为食。

科学家对梁龙化石的研究让人们获得了更多关于梁龙的信息，其他同属蜥脚类的恐龙也使科学家推测梁龙也许根本不是半水生的动物。它生活在坚硬的陆地上，伸长的脖子使它像一只巨大的"爬行类中的长颈鹿"在树梢取食。它的脖子和尾巴是可以移动的，并且经常保持水平状态，使彼此在身体的两端保持平衡。所以迪皮的姿势也相应地做出调整，表现出更加生动的站姿：头部稍稍抬起，尾巴向后伸出停留在半空中。

从迪皮到迪齐

当然，有关迪皮和其他蜥脚类恐龙的科学观点一直在发生着变化。从 20 世纪 80 年代起，一些专家就认为它的脖子不可能竖直举起，因为恐龙的心脏将无法把血液压送到高高在上的大脑里。即使心脏真的产生出足够的压力进行供血，当恐龙低下头时，巨大的血压虽不至

梁龙的石膏模型需要定期清洁和维护。到现在，它已经超过 100 年了，这样的岁数在梁龙被估计的寿命范围以内。1.5 亿年前，当活的恐龙迈着沉重的步伐横穿北美洲的时代，它的寿命可能会超过 100 岁。

于将头与身体分离，但也足以毁坏它的大脑。由此观点推出，迪皮的食物可能生长在靠近地面的地方，当迪皮迈着沉重的步伐向前行走取食的时候，它的脖子和头会以很大的弧度左右摇摆。

虽然化石不能够告诉我们关于恐龙心脏和循环系统的详细信息，但我们还是可以通过比较解剖学的方法研究相关的现生物种来得到一些线索，比如鳄鱼和鸟。也许蜥脚类动物的血管中存在瓣膜的系统从而可以控制血压，就像我们今天在长颈鹿身上看到的一样。2009年，一项针对各种不同脊椎动物类群的X射线检测提供了新的数据：像迪皮这样的蜥脚类动物还是可以将它们的头抬高。因此，争论就像恐龙的脖子一样，来回摇摆。然而，也没有必要改变迪皮如今的姿势，因为这种"爬行类中的长颈鹿"的观点并不排除脖子和尾巴在一些时候保持水平的可能，比如，在这个怪兽准备去喝点水的时候。不改变迪皮的姿势去迎合每一个新理论的出现或许也不坏，否则它将不得不改名叫"迪齐"了（Dizzy，意思是使人头晕眼花的）。

迪皮虽然几乎没有经历过大修或重装，但还是会有偶尔的修整和一年一度的定期清洁。专业的清洁人员通常在每年的春季花上一到两天的时间（也许是在夜间）清理骨架上过去一年所积下的灰尘和碎屑，并对必要的地方进行修补卜色。

2004年，在筹备迪皮100岁生日时，博物馆古生物保护部和设计装架团队的工作人员一起对它已经毁损或者随时间变得脆弱的部分进行了修复。使用的模具是牙医用来给牙齿印模的、像果冻一样可凝固的化合物。修复的步骤先是替换浇铸成石膏的模块，然后再小心着

（右页图）

自然博物馆收藏的印石板始祖鸟标本展示出它翅膀上的羽毛向左上和右上展开成扇形，尾椎（尾骨）的长链上羽毛指向下方。

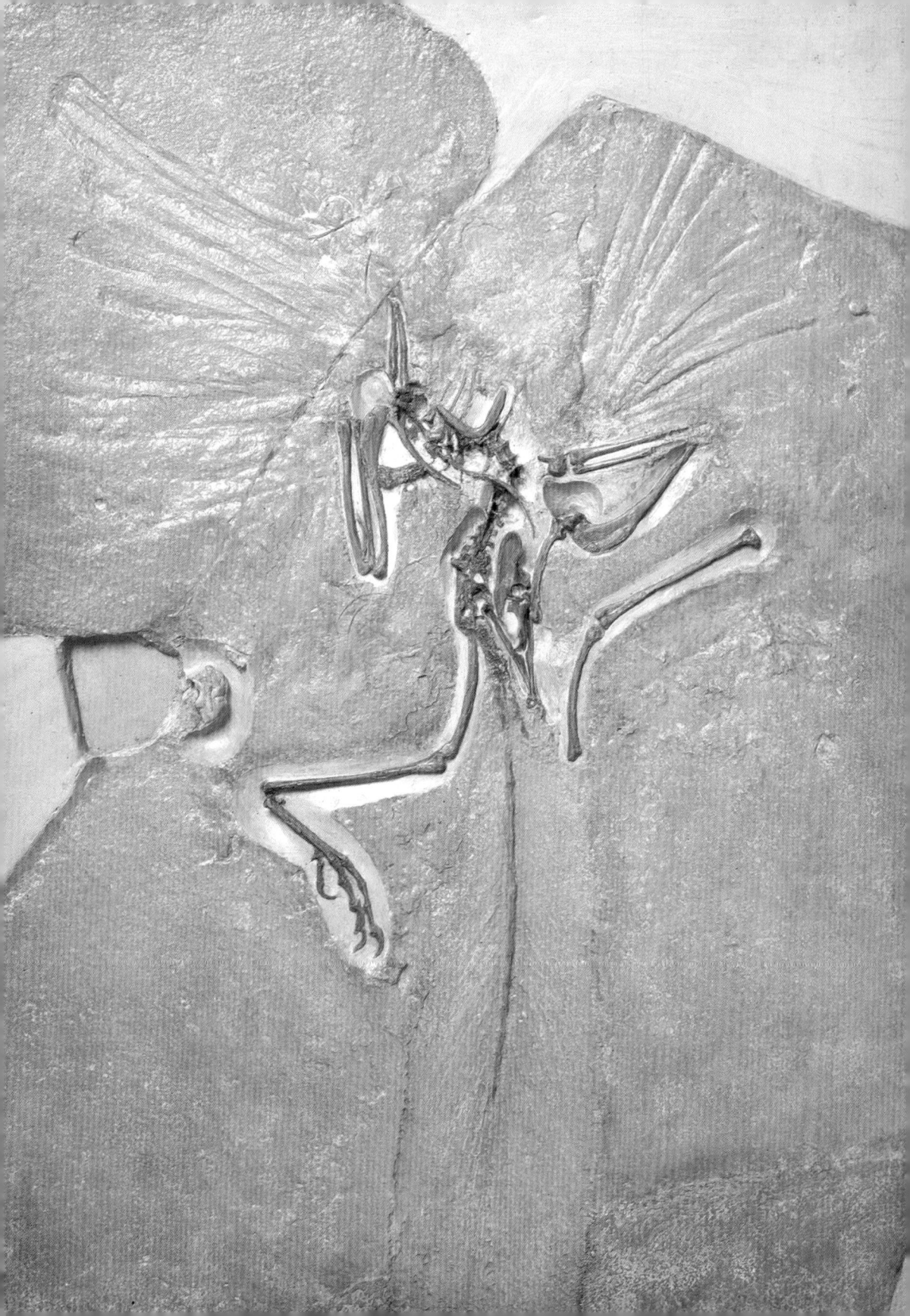

色，使它与周围原有部分的颜色相协调。

从 1979—2017 年，迪皮既是人们走进博物馆时不会错过的第一件令人震撼的展品，也是走出博物馆时的最后一个参观项目。多年以来，它已经给数百万观众留下了深刻的印象。

早期的鸟

有一件标本虽然比迪皮小得多，却是一件真正的化石标本，有着不可估量的价值——它就是印石板始祖鸟（*Archaeopteryx lithographica*），也是已知最早的鸟。世界上仅存大约十件这种生物的化石标本，再加上一件也许属于这种生物的羽毛化石标本。它们存在的时代都要回溯到侏罗纪晚期（和迪皮属于同一时代），大约 1.5 亿到 1.45 亿年前，并且它们都来自位于德国南部巴伐利亚州举世闻名的化石产地索伦霍芬镇。在那里，一种具有非常细密纹理的岩石，也就是人们所说的石印灰岩，曾经一度被开采用于制作印刷用的石板。由于这种微小的纹理，出产于这种岩石中的化石保存着令人惊叹的细节。除了始祖鸟化石，这样的特点也从许多其他生物化石中反映出来，包括最小的恐龙之一的秀颌龙（*Compsognathus*）化石，也包括翼龙和其他爬行类动物、鱼、昆虫和植物的化石。

伦敦自然博物馆收藏的如此珍贵的始祖鸟化石（标本编号 BMNH 37001）常常被称为"这座博物馆所有藏品中最有价值的标本"，并作为"伦敦标本"闻名于世，这一点多少在人们的意料之外。它被发现于 1861 年，可能是第二个被找到的始祖鸟化石，也是第

始祖鸟的翅膀拥有与现代鸟类相同数量和排列的飞羽，大的主翼羽分布在翅尖，副翼羽靠近身体方向分布。至于羽毛的颜色，正如所有基于化石的复原，都是源于人们想象与推测。

被翻新的始祖鸟

像迪皮一样，在过去的很多年中，关于始祖鸟的科学观点不断变化。然而，与复制品迪皮不同的是，博物馆拥有的"伦敦标本"是一件真品——一件罕见并珍贵的化石。它被妥善保管在博物馆里一个非常安全的地方，只有少数几个人知道它的位置。在公共展厅展出的那件标本则只是超过 200 件复制品中的一件而已。工作人员先根据化石制作出铸模，之后再通过铸模认真制作出模型副本，最后这些复制品再被分发到世界各地的博物馆和举办的展览中。

尽管它是如此重要，但"伦敦标本"也不能从正在进行着的研究中被豁免，甚至还面临着被翻新的命运。随着化石修理技术和设备的进步，工作人员会以加倍的小心和细致定期将它重新清理一遍，试图移除更多细小的岩石颗粒，暴露更多化石本身的超微细节。这就意味着在世界范围内被使用的始祖鸟化石复制品，即使仅仅过了 10 年，到今天也过时了。因此，在 2009 年，人们根据最近重新修理的"伦敦标本"制作出一个新的铸模，用它制作的新模型可以反映出如今在原化石上可见的更多细节。处理这样一件举世闻名的化石是一个非常伤脑筋的过程，但是专业的技术人员确保了这个过程能够顺利完成。现在那些更新后的复制品已经可以使用了。

一个被发现的保存有大部分始祖鸟身体的化石。前一年被发掘出的一块单个羽毛的化石，也许是来自与它相同的物种。"伦敦标本"的头和颈虽有部分缺失，但它绝妙地保存了大部分的骨架以及从翅膀处像扇子一样展开的和沿着尾巴生长的精美的羽毛印痕。这件标本的发现震惊了世界，随后它以 700 英镑的价格被卖给了博物馆。这笔钱的价值在今天超过了 6 万英镑，然而，如果这件标本在公开市场上出售，这样的价格也只能算是这件化石真正价值的零头罢了。

复活的始祖鸟

对始祖鸟的复原展现出一个明显像鸟的动物，有羽毛和翅膀，差不多和乌鸦一样大——总长度大约 50 厘米。它的羽毛与今天鸟类的羽毛非常类似，羽毛和前肢的结构都说明这种动物或许能够飞翔而不是简单滑翔。近来医用型 CT（计算机断层扫描）对有头骨的始祖鸟标本进行扫描，揭示了脑颅和里面大脑的形状。大脑中涉及视力、听力、平衡和肌肉协调的部分已经进化到足够强大的程度使飞行变为可能，但是始祖鸟在空中做复杂的飞行动作的能力可能是有限的。

虽然长得像鸟，然而与今天的鸟类相比，始祖鸟还是具有一些绝对不同寻常的特征：它的颌不是由角质喙所覆盖，并且沿长轴方向生长着又小又尖的牙齿；每一个翅膀上有三个小爪子，排列于翅膀前缘的中部；它的尾巴不仅有像今天的鸟类一样长长的羽毛，还有一排长长的尾椎骨在中间。这些都是典型的爬行动物的特征，尤其符合恐龙的特征。

始祖鸟的世界

当始祖鸟被发现时，人们盛赞它是介于爬行类（比如恐龙）和鸟类中间"缺失的一环"。近年来，包括带羽毛的恐龙在内的更多化石的发现，支持了鸟类是由某种小型两足行走的肉食恐龙进化来的观点。也许这种恐龙是奔龙的一种，正如恐龙爱好者所熟知的，它们是一种"猛禽"。由于始祖鸟化石骨骼中保存的细节特征以及它所生活的时代，人们也怀疑始祖鸟本身并不是所有鸟类的祖先，但它至少是所有鸟类祖先的一个近亲。

产自索伦霍芬镇，保存完整程度令人叹为观止的化石非常多，这一有利条件使得专家们可以描述出始祖鸟整个生活环境的面貌，在科学分支上这属于古生态学的领域。侏罗纪晚期，这个区域的地貌特征体现为岛屿和浅的咸水湖镶嵌分布，气候属于非常干旱的亚热带气候。这种早期的鸟是主要待在陆地上，还是攀爬于灌木丛和小型树木之中，又或是两者都有，目前还不清楚。但是它的头骨和牙齿显示它以小动物为食，比如昆虫、蠕虫和其他的一些爬虫。

鸟类究竟如何演化出翅膀和羽毛并且拥有了飞行的能力，这些问题仍然有待明确解答。最早的"羽毛原型"，比如一些恐龙身上覆盖着的纤细丝状物，是不是像哺乳动物的毛一样在进化中起到保温的作用？如果是的话，意味着这些恐龙是温血动物。第一批鸟类是不是通过沿着地面奔跑并拍打它们长着羽毛的前肢来离开地面而进化出用于飞行的翅膀呢？还是它们从树上跳跃时使用前肢滑翔以确保安全？有一天，也许就在这座博物馆，标本能回答这些问题。

专家证人

20世纪80年代曾发生过一场怀疑"伦敦标本"和其他始祖鸟化石真实性的运动，怀疑者声称那些羽毛的印痕是使用某种人造水泥层伪造的。据称，这种欺诈行为甚至可以追溯到博物馆的创始人理查德·欧文。也许欧文打算让这化石被赞誉为"缺失的一环"来支持查尔斯·达尔文（Charles Darwin，1809—1882）的进化论，而这种进化论却是欧文绝对不会赞同的，因为他认为进化是不存在的。那么，当达尔文的支持者们得意地将始祖鸟作为由恐龙逐渐进化为鸟的证据时，欧文完全可以揭露骗局从而将他们一举打败。然而，欧文亲自写过一个针对这件标本的报告，并没有提到任何与伪造相关的事。因此，标本不可能是伪造的。

伦敦自然博物馆通过一系列的科学报告和媒体声明彻底否定了这一指控。在这种情况下，博物馆的专家们并没有被真正传唤到法庭，进入证人席。但在许多法定情况下，这种事的确经常发生在一些博物馆的工作人员身上。他们被要求作为专家证人，在各种各样的法律争论中给出他们的研究结果和专业意见。

举例来说，可疑的进口饰品被海关查获了。对外行来说，很难鉴别它们是用什么材料做成的，是塑料、骨头、角、牙齿，还是象牙？如果这种材料的来源是有机的（源自活体组织），它们是来自合法的一般途径吗，还是出自一种稀有的，甚至是受保护的物种，比如犀牛、海龟、老虎或者阿拉伯大羚羊？可悲的是，偷猎和走私的情况正在加剧，因为会有大笔的钱来购买这些备受追捧的货物。制作、买卖这些饰品可能违反了保护野生动物的法律规定，例如《濒危野生动植物种国际贸易公约》（CITES）。

简单的案例

海关当局于是邀请最著名的权威专业机构——伦敦自然博物馆。可不可以请专家来看一看，告诉我们这是用什么材料做成的？根据情况，鉴定过程可能是非常快速的浏览，也可能涉及一连串的技术分析，比如在显微镜下观察细胞类型和用酸或其他化学试剂与之反应测试其物质成分。以上鉴定就发生在分散于博物馆中的数十个科研实验室里，远离公众的视野。但是在新建成的达尔文中心，观众可以在那里直接观看科学研究的

这枚被雕刻的河马牙是一件天然材质的工艺品，有人试图将它走私到英国，被海关查获后将它捐献给了博物馆。

过程。

专家再把鉴定结果传达给海关：这是一种稀有的受保护的物种，有足够的证据进行起诉。在法庭上，法官传唤博物馆的专家作为专家证人，来解释材料是如何被鉴别出来的。好吧，阁下，这是通过几个技术流程得到的结果，包括特殊染色的组织学检查、生物测定，以及 DNA 提取或凝胶电泳实验。被告的辩护团队认输并且接受权威的证据。检方盖章认定有罪判决。这样，博物馆的工作人员在破获又一起走私交易中发挥了至关重要的作用。

诊断谋杀

绝对不是所有情况都会如此顺利。曾经有一桩令人震惊的谋杀案一时间成为新闻的热点。当时，人们在一栋废弃的建筑里找到了一具腐烂的尸体。现在，是时候如同在犯罪现场那样开展法医检查了。尸体躺在那里有一段时间了，苍蝇已经在其上产了卵，并且已经孵化出蛆来，还吃光了上面的肉。那么，鉴定出苍蝇的种类将会为判断谋杀是发生在多久之前提供一些线索。

接下来，人们会引进一位来自博物馆的专家证人以帮助调查组进行法医昆虫学方面的工作——也就是使用昆虫破案。首先要确定苍蝇或者双翅目昆虫所属的类型，接着找出它产卵的习性和偏好，以及到达哪一阶段幼虫（蛆）就会发育生长出来。双翅目昆虫幼虫的生长会受到环境条件的影响，特别是来自温度的影响，所以还要把这些方面纳入考虑的范围。最后，逆时间倒推找出一个大致的时间"窗口"，看看这些卵，或者一些种类中的幼虫最初是在什么时间产下的。

然而，在质证过程中，被告方也会提出一些关于法医昆虫学方面的很有见地的问题。比如，专家是否真能确定幼虫的生长速度？如何准确知道周围的环境条件？时间"窗口"真能被如此精准地确定吗？这不就是一门相当不精确的科学吗？估计的死亡时间会不会存在几天的出入？如果是这样的话，被告拥有充分的不在场证明，根本不可能犯罪，因此必须是无辜的，而不是因为谋杀银铛入狱。双方的争辩可能会导致这个确定无辜的人在未来，哦不，整个一生都将在悬而未决的状态下度过。

对专家证人来说，在提供一个建立在坚实科学基础之上的意见时，面对强烈的质疑而不动摇并能保持从容不迫，有可能是非常困难的。当律师们和其他的法律专家们努力为他们的当事人辩护时，他们自己就是在每一个小细节处挑漏洞的专家。这可不是新加入博物馆的初级员工用大头针把标本固定在盒子里或者在显微镜下研究昆虫的生殖器（生殖器官经常是区分非常相似物种的最好方法之一）时所能预见的情景。

达尔文地雀

还有些非常不同的专家证人，就是进化的证人。它们是具有相似特征的植物或者动物，相似的特征说明它们具有很近的亲缘关系，是从一个共同的祖先进化而来。在现代生命科学中，已有很多清楚的例子为人所知，但是其中最著名的可能还要数达尔文地雀。太平洋东部的加拉帕戈斯群岛上生活着 13 个不同种的地雀（若包括可可岛雀是 14 种），它们组成了地雀亚科。它们的体型相对较小，颜色为单调的土褐色，身长从 10 厘米到 20 厘米不等，身上的斑点以较深的棕色和黑色为主——大多数人都不会多看它们一眼。1835 年，查尔斯·达尔文在搭乘皇家海军舰艇"贝格尔号"进行为期五年的环球旅行途中到达了加拉帕戈斯群岛，观察并采集了这些地雀的很多标本。达尔文地雀已经成了进化论的象征。毕竟，对这位伟大的博物学家来说，当他开始形成进化观念时，这些地雀是他最初的灵感来源。就在达尔文好奇地注视着加拉帕戈斯群岛上令人惊奇而又独特的野生动物，考察这些岛屿并且采集标本用于保存和日后研究时，地雀是他大脑中的首选。

其实也不完全是这样。最初激起达尔文好奇心的并不是地雀，而是其他的鸟类。事实上，在旅行中以及之后的几个月时间里，他并没有认真检查这些地雀或者意识到它们的重要价值，甚至没有对它们进行分类鉴定。

嘲鸟与鸽子

　　另外两种鸟以及一些巨大的爬行动物在达尔文写《物种起源》一书时发挥了重要作用。在加拉帕戈斯群岛上，巨型陆龟曾经给他留下了深刻的印象——不仅因为它们巨大的体型、动作迟缓以及缓慢的生活方式，还因为观察到它们是既相同又不同的。不同岛屿上的陆龟龟壳的形状不尽相同，且当地的专家能明确地说出哪一种类型的陆龟属于哪一个岛屿。这是其中一条线索。引导达尔文思想的其他线索来自加拉帕戈斯的嘲鸟（见下图）。他收集了来自不同岛屿的嘲鸟并在旅行的下一阶段对它们进行了研究，结果表明他至少收集到了三个种——同样地，来自不同岛屿的嘲鸟相似但又不同。他也意识到曾经在南美大陆上看到过的一只嘲鸟属于另外一个相似但又不同的种。所以有可能正是嘲鸟而非地雀，帮助了达尔文进化理论的生成。

　　与达尔文开创性想法有关的第三种鸟是不起眼的家鸽。连续好几年，他在位于肯特郡的家中，也就是他生活和工作的"塘屋"（Down House）饲养家鸽。达尔文与世界各地的养鸽爱好者们讨论鸽子的繁育和品种问题，其中有人甚至远在印度。同时，他也开始选择有特点的鸽子进行繁育来保持或扩大某些特定的性状或特点，比如特别的尾巴形状。这属于人工选择，也是支持其建立在自然选择基础上的进化论的主要证据。

他认为这些鸟标本中混合了雀、蜡嘴鸟、莺、鹪鹩，也许还有黑鹂。达尔文一回到英格兰，就将它们和他采集的许多其他鸟类标本交给了伦敦动物学会。在一个星期之内，著名的鸟类学家约翰·古尔德（John Gould，1804—1881）对它们进行了研究和鉴定，认为它们是一组亲缘关系密切的雀鸟，在科学上都是全新的物种，很值得进一步研究。于是，达尔文向周围的人寻找更多的标本，并从"贝格尔号"的船长和船员那里将它们收集过来。古尔德的观察让他产生了足够的兴趣，不久之后，他开始写作第一本论"物种演变"的笔记。后来，当他从事了一段时间自然选择导致进化的理论研究后，他意识到这些地雀可能是非常好的例证。他看到了每一种地雀的特征，特别是喙的形状，适应于各自生

这些亲缘关系很近的加拉帕斯群岛达尔文地雀具有大小和形状不同的喙，但是它们在其他方面却非常相似。这显示出它们是如何适应了不同类型的食物。大而强壮的喙用来裂开坚硬的种子，而更小更尖锐的喙则能迅速捕捉昆虫。

存岛屿上特殊的栖息环境和食物资源。尽管普通人不会太注意它们，但是对于训练有素的眼睛来说，地雀之间仍然存在着明显的家族相似性。这些地雀如今"居住"在伦敦自然博物馆，可能是博物馆中最著名的现代鸟类"居民"。

达尔文与欧文

1867年，达尔文将他收藏的超过100件鸽子皮毛和骨骼标本，连同其他家禽的标本一起捐献给了伦敦自然博物馆。标本上仍然保留着他手写的标签和分类编号，并附有他个人的笔记。它们是达尔文对自然科学重大贡献的实物体现和最令人惊叹的纪念品。

然而与同时期的其他几位科学伟人一样，理查德·欧文绝不是查尔斯·达尔文的粉丝。从建立伦敦自然博物馆，使之成为从大英博物馆独立出来，再将它迁移至南肯辛顿的新址，一直到整理并陈列其中的藏品，欧文在这个过程中发挥了领导作用。他还鼓励人们参观展览，旨在提高公众对神奇的大自然的认知程度。但他是达尔文理论的积极反对者，因为达尔文理论认为是自然选择导致了进化，并且暗示人类也是进化的产物。

从朋友到敌人

在《物种起源》出版之前，欧文与达尔文在几个项目中都有过合作。欧文研究了达尔文在他的"贝格尔号"旅行中所采集到的化石，复原了一些大型兽类，比如大地懒（*Megatherium*）（见第103—105页）和巨型"犰狳"——雕齿兽（*Glyptodon*）。当达尔文病倒时，欧文还去他家中探望。19世纪40年代，欧文开始认为在物种之间发生某种变化或进化或许是可能的，他同时思索出若干发生的机制或过程。

在《物种起源》出版后，欧文和达尔文曾经对进化理论以及它的应用进行过多次讨论。然而他们的观点并不相同，加上来自《物种起源》的支

从 2008 年起，查尔斯·达尔文再次"驻留"在博物馆的中央大厅。看着游客蜂拥通过博物馆的主入口，这个温文尔雅的男人可能会有点惊讶于他关于进化的想法是如何塑造了现代生命科学的。

持者和反对者的各式攻击，他们之间的矛盾变得更加尖锐了。

　　这些支持者和反对者包括了达尔文和欧文的许多同事，甚至是好朋友。欧文说达尔文的书是"一种对科学的滥用"，而达尔文认为"遭到欧文那样强烈程度的痛恨着实是不好受的"。

交换位置

　　伦敦自然博物馆用人物雕像来表达对理查德·欧文和查尔斯·达尔文两位大师的敬意。身穿长袍的欧文雕像于 1897 年落成，雕像保持着他演讲的姿势。留着长胡须的达尔文雕像在他逝世 3 年后的 1885 年到达这

除了创造了"恐龙"这个名字，正如我们所知道的，理查德·欧文是建立这座自然博物馆的核心人物。1856 年，他被任命为大英博物馆博物学部的第一负责人，他在这个职位上一直工作到 1883 年，也就是位于南肯辛顿的新馆开放后两年。

里，他和蔼地坐着，双手放在大腿上。最初达尔文的雕像被安放在主楼梯顶部的首要位置，面朝南俯视着中央大厅。但 100 多年以来，这两座雕像连同其他的名人雕像，比如托马斯·亨利·赫胥黎（Thomas Henry Huxley）和阿尔弗雷德·拉塞尔·华莱士（Alfred Russel Wallace），已经围着博物馆的中央大厅、中央大厅的咖啡厅和楼梯平台被搬动过好几次。

2008 年，人们正着手预备庆祝来年达尔文诞辰 200 周年，此时这位伟人似乎应该回到他最初高高在上的位置，从那里面对成群而来的参观者们。然而，欧文已经在那里了。因此，一个 8 人小组花了 26 个小时把重达 1 吨的欧文青铜像搬运到楼厅上的新位置。接着，重达 2.2 吨的达尔文大理石像从中央大厅的咖啡厅被转移到中央大厅主楼梯顶部的平台上。达尔文又一次占据了这栋房子里最好的位置。

保护的面孔

在离"查尔斯·达尔文"不远的地方，就在咖啡厅旁边，有着另一件广受欢迎的展品——但它却是毛茸茸的，而非磐石一般坚硬。它就是来自伦敦动物园的大熊猫（*Ailuropoda melanoleuca*）琦琦（Chi-Chi）。它静静地坐在一个草箱中，并不知道自己是世界自然基金会（WWF）熊猫标志的灵感来源。

琦琦，在英文里是"淘气的小女孩"的意思。1957 年年底，当它还是一个小婴儿的时候，在中国的四川省被人捉到。在北京动物园，它度过了一生中最初的几个月。当时，人们认为熊猫是很神秘的动物，对它们知之甚少。它们只出现在中国西南部山地流传的关于竹林的神话传说中。在一个藏族传说中，年轻的牧羊女在与一只熊猫幼崽玩耍时被豹子袭击，牧羊女为了拯救熊猫幼崽牺牲了自己。为了纪念这位女英雄，其他的熊猫遵循当地人哀悼时的传统，在它们的臂上涂上黑色的灰。当它们悼念时，它们擦拭从眼中流出的泪水，堵住耳朵以遮挡悲痛的哀号声，并且绕着肩膀互相拥抱——因此将黑色染到身体其他部位。据说，大熊猫身上的黑色就是这样来的。

大熊猫那明显单调的色彩依旧吸引了一流的博物学家、艺术家和环保人士彼得·斯科特爵士（Sir Peter Scott，1909—1989）的注意。他本人也是世界自然基金会的创始人之一。当他参与为世界自然基金会设计标志的工作时，他曾建议说，大熊猫这种动物很可爱，看着让人不禁想要去抱一抱，应该可以吸引公众的注意力。

1958 年 10 月，琦琦接受了伦敦动物园的第一次体格检查并且成功通过。在这张照片中，当动物园的兽医官奥利弗·葛莱姆-琼斯（Oliver Graham-Jones）为它检查心脏时，这位熊猫明星正忙着吃碗里的食物呢。

在博物馆里，琦琦栩栩如生的姿势反映出
它对竹笋和竹叶的喜爱。在它活着时，人
们还不太清楚熊猫也偶尔吃其他的食物，
包括蛋、鱼、小动物和腐肉，而这些亦反映
出它们作为熊科成员的身份。

并且，大熊猫也代表了稀有物种所处的困境。另外更实际的是，无论标志被印刷或复制成黑白还是彩色的，几乎都是一样的，这样能节约印制成本。

琦琦的故事

受冷战时期一系列典型的政治因素的影响，在 1958 年 9 月到达伦敦动物园以前，熊猫幼崽琦琦辗转了好几个中转地：从北京到莫斯科再到柏林，然后是法兰克福和哥本哈根。起初伦敦动物学会只接受它在这里停留三个星期，因为它是被捕捉的大熊猫，而之前伦敦动物学会已经宣布不鼓励采集珍稀生物，比如野生熊猫。当看到琦琦瞬间引起了巨大的轰动并且极大地拉动了票房时，商业主义开始发挥作用并使它享受了 14 年作为英国最知名和备受喜爱的动物园"囚犯"的时光。

在那些日子里，琦琦还要与动物园里别的毛茸茸的大明星——大猩猩凯（Guy）竞争，以成为众人瞩目的焦点。从 1947 年到 1978 年，凯都是动物公园里的"居民"，它住在这里的时间比琦琦要长，而且琦琦在 1972 年就去世了。之后，这只大熊猫被转交给了伦敦自然博物馆，它被制成标本小心地安置成栩栩如生的姿势，笔直地坐着，若有所思地用它的前爪拿着它喜爱的食物——竹子。凯去世后，它也和琦琦一样来到了伦敦自然博物馆里。

岌岌可危的熊猫

许多年以来，人们在世界范围内做出了很大的努力，将圈养的大熊猫带到一起进行繁育。琦琦两次与莫斯科动物园的一只雄性大熊猫安安（An-An）进行了交配，但并没有繁育出后代。科学家们也付出了很大的努力来研究大熊猫到底属于哪一类动物。因为其不同寻常的解剖结构，它曾被归入熊、浣熊或者是介于它们之间的物种。但对于它形态学的研究以及 DNA 上的证据最终表明它是熊科（Ursidae）中一个不同寻常的成员。

跟琦琦生活的时代相比，今天大熊猫在野外的境况已经在某种程度上发生了一些变化。中国政府的相关部门非常关注熊猫在全世界的生存状况，做出了积极的努力促使保护区的成立。理论上在保护区里这些熊猫是安全的，不受非法狩猎和其他一些人类活动的干扰。最近的几次调查显示大熊猫的数量正在上升，其野外数量可能已经超过 2000 只。但大熊猫的处境仍然是非常危险的——由"竹子走廊"所连接的零散小片分布地区正经历着周围人口的巨大压力。在世界自然保护联盟（IUCN）编制的濒危物种"红名单"上，它们被定为濒临灭绝的物种。

一个令人费解的螺旋

我们对琦琦生命的了解远远超过了伦敦自然博物馆的绝大多数标本。其中一件最令人费解的标本——有时被称为"神秘的螺旋"——是一块长度超过 2 米、直径 40 厘米的岩石。它看起来像是一个细长的、固化的螺旋物，或者可能像一只"不幸"的巨大蜗牛，壳上的 24 道旋转仿佛把壳在刑架上拉得很长。人们从后面这个比喻引申出它的拉丁学名——*Dinocochlea*，意思是"巨蜗牛"。但它根本不是蜗牛，它光滑的表面也没有壳的痕迹。按照常理，这样又粗又长的壳上本应该留下标记着蜗牛生长的典型生长线的痕迹，但是它没有。而这种情况只有当这个物体是形成于填充在巨大贝壳里的岩石颗粒，并且里面的填充物硬化而贝壳破碎消失后才会发生。

这个神秘的螺旋产自英格兰南部东苏塞克斯郡的白垩纪早期的岩石，距今约 1.35 亿年。有几块是在道路建设的挖掘工作中被发现的，其中有些螺旋以顺时针方向旋转，而另一些以逆时针方向旋转。也有人猜测它们是粪化石——石化了的粪便。有重达 5 吨的植食性恐龙禽龙和别的大型野兽所保存下来的骨骼从相同的岩石中被发掘了出来。并且，这些螺旋的形状也很常见，因为很多远古生物和现代生物都有着螺旋形的粪便，比如鲨鱼。但是，在其他任何地方并没有发现恐龙或其他任何生物保存下来的粪化石像这些神秘的螺旋一样拥有近乎机械的规则形状和庞大的体积。

最近关于"巨蜗牛"的研究得出了一个非常合理的解释。在标本上可见同心圆的痕迹，很像树木的年轮，起始于一个中心点。这种情况与矿物结核的生长方式有关。它们是无机的，也就是说，晶体在生长的过程中是由非生物过程所形成的。结核在地质学上十分常见，在正在硬化的岩石中，矿物质围绕一个最初的小点或者核（比如一块化石的碎片）"凝结"或沉淀，结核也就在这个过程中不断变大。结核所形成的岩石在硬度和颜色上稍微区别于周围的沉积物。它们的形状有球形的、橄榄球形的、卵状的、管状的、盘状的和葡萄串状的。一些结核体形巨大，几乎有10米宽。

没有已知的螺旋形结核是源自无机物的。但是一些种类的蠕虫、虾和类似的小动物会在湖底或海底的泥沙中挖掘螺旋状的洞穴。是不是这样的洞穴被填充后变成

把 *Dinocochlea* 当作一块粪化石或者说石化的粪便，这个想法并不像听上去那么奇怪。这件有着7000万年历史的粪化石来自腔棘鱼中的大盖鱼（*Macropoma*）——类似于今天现生的腔棘鱼，它和 *Dinocochlea* 一样，也采集于东苏塞克斯郡。

没有任何已知的蜗牛或者别的现生软体动物可以匹配神秘的螺旋形化石 *Dinocochlea* 的巨大长度。在各式各样的软体动物中，最大的现生成员是巨蚌，有 1 米宽。

了一个类似结核的物体，成千上万年来，矿物质围绕着它一层一层地生长而形成的这个螺旋？使用计算机程序所做的研究显示，螺旋的形状可以按照一定的数学模型扩展，从而生成一个与"巨蜗牛"非常相似的形状。

博物馆的工作人员认为这个过程可以用来解释神秘螺旋的由来。但这种解释并不能鉴别出它究竟是哪一种动物挖掘的洞穴，在不知道动物名称的情况下，人们给了它一个名字——*Helicondromites*。*Helicondromites* 是一个遗迹种——这种动物（或植物）物种的建立是基于其石化的痕迹或者留下的产物，比如潜穴遗存、足迹、尾巴拖地的痕迹、爪痕等，而不是根据生物体本身的遗存。也许，在经历了一个多世纪的探寻之后，这个号称"自然界最大谜团之一"的物体的秘密终将被解开。

一种新的收藏

回望过去有助于解决今天的迷惑，正如前文提到的神秘的螺旋。伦敦自然博物馆今天的工作是致力于帮助人们迎接未来无数更大的挑战。预计，全球变暖将会改变我们星球的气候、生态环境和野生动物状况，并影响人类生活的几乎方方面面。一个迫在眉睫的例子就是热带地区的疾病正在扩散到温带地区，比如最可怕的传染病之一——疟疾。这种疾病是由一种疟原虫属（*Plasmodium*）的寄生虫引起的，通过雌性按蚊（*Anopheles*）的叮咬进行传播。在过去医疗卫生条件不发达的时代，每年，全球新感染疟疾的人口数高达 4.5 亿，大约有 300 万人死于这种疾病，主要为生活在非洲的儿童。20 世纪 50 年代，在一些地区由于杀虫剂 DDT 的使用，疟疾的感染曾经一度被根除。但是，这种化学药品的危害效应逐渐在自然界的食物链中显现出来——伦敦自然博物馆也参与了这方面的研究工作（见第 97—99 页）。因此，DDT 的使用大幅度减少，现在更是被严格控制。今天，人类已在很多方面攻克了疟疾。其中包括努力研发、生产疫苗，研究出更好的抗疟疾药物进行预防和治疗，分发蚊帐保护人们不被叮咬，制造出只针对蚊子的改良杀虫剂（对其他野生动物的副作用降到最低），甚至改变蚊子本身的基因，使它们不能携带寄生虫或者不能进行繁殖。

　　博物馆的工作人员在抗击这一疾病的过程中，以及在预防其可能的再次输入或者因气候变化导致其长距离扩散到某些地区（比如英国）方面发挥了主导作用。对博物馆工作人员和其他人员所采集的蚊子进行的研究不

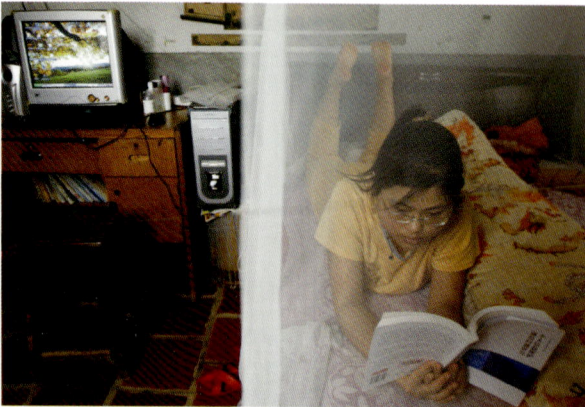

蚊帐看起来好像技术含量很低，但是它能够非常有效地隔离传播疾病的虫子。2020 年全球约有 63 万人死于疟疾，其中大部分是儿童。

如此小，却又如此致命——吸血的按蚊是疟疾主要的传播媒介。它用像针一样的口器刺穿皮肤，注入其含有极小寄生虫的唾液来防止血液凝结。

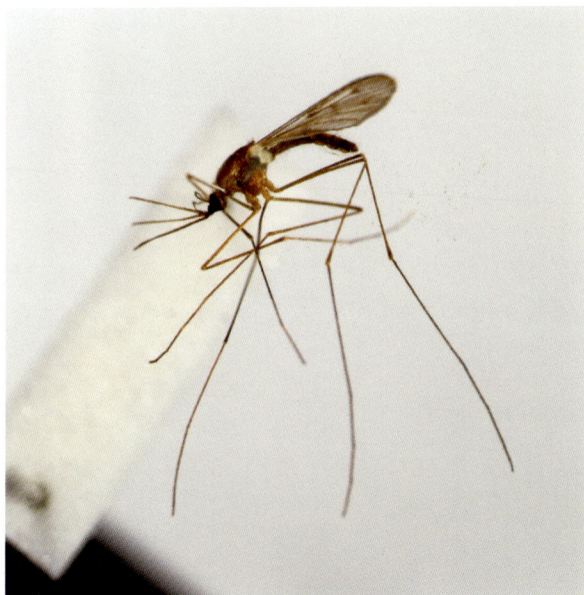

仅仅是解剖学方面的，还包括了基因方面的研究。工作人员把蚊子磨碎，提取它们的 DNA 并测序来确定哪些种类的蚊子生活在哪里以及它们是否会传播疟疾或者其他的疾病。这项工作促使了一种全新类型的博物馆藏品——DNA 样本库的出现，最终它将包含成千上万个物种的遗传信息。未来，当科学家们开展广泛的科学研究时，这种藏品将成为至关重要的资源。

发掘过去

拥有超过900万件标本，并且此数量还正以每周数百件的速度递增，伦敦自然博物馆的化石收藏是关于地球生命漫长而又复杂历史的一个环球庆典。每一件化石都在讲述许多的故事——讲它留在地球上的生物、发现它的人、研究它的科学家，等等。使用最新的技术解读这些来自过去的线索对预测我们的未来是极其重要的。

这张照片展示了1907年伦敦自然博物馆化石展厅的样子。

这不是一头真正的长毛猛犸象，而是与之关系密切的甚至体型更大的草原猛犸象，这件博物馆标本给人的印象是这些野兽是多么的巨大。19世纪60年代，它被发掘于埃塞克斯郡的伊尔福德，它们的门齿有两米长。

　　中世纪时，几乎任何从地里挖出的东西都被叫作化石——奇形怪状的燧石、闪闪发光的宝石晶体和有光泽的天然金属都可以被叫作化石。后来，这一术语渐渐变成用来特指埋藏或包围在沉积物中慢慢变成石头的生物遗存或者生物印痕。对于化石的科学研究——研究它们所产自的生物以及这些生物在当时是如何相互作用并生存下来——就叫作古生物学。

　　一直以来人们都有一个误解，那就是只有恐龙留存有化石。然而事实上，所有的生物或者说有机体都有成为化石的可能。通常化石产生于生物体最坚硬、最坚韧的部分，这些部分在生物死亡后存留的时间最长——动物的牙齿、骨骼、角、爪子和壳，以及植物的树皮、根部、种子，甚至还有微小的花粉颗粒。在极少的特殊情况下——尤其是被快速埋藏于低氧环境致使腐烂几乎没有发生——保存了更柔软或更脆弱的有机体印痕，比如柔软的水母、湿滑的蠕虫、带花边的树叶和精美的花瓣。

当伦敦自然博物馆于1881年首次对公众开放时，人们议论的焦点都集中在最著名的化石上，它们直到今天仍然吸引并震撼着我们，那就是恐龙！

最早的恐龙明星们

恐龙这个词的意思是"恐怖的蜥蜴"，它是在1841—1842年，由后来成为这座博物馆建馆负责人的理查德·欧文所创造出来的。欧文认识到某些大型爬行动物的化石上具有某些相似的特征得以将这些爬行动物与其他的爬行类区别开来。这些"可怕的家伙"是来自远古时期的巨大凶猛的怪兽，它们的故事亦开始从科学报告中溜出，偷偷地进入公众视野。恐龙和其他已经灭绝了的巨型野兽的化石始终激发着人们对于它们起源的好奇心。许多人相信它们是巨龙、食人魔和其他神秘怪物的遗存。

第一件在科学基础上制成的展览用恐龙模型展出于1851年在伦敦海德公园举办的万国工业博览会。到1854年，容纳展览的这座巨大的玻璃建筑，也就是世人所称的水晶宫，已经被迁移到伦敦南部的西德纳姆。为了庆祝它的再次开放，欧文和颇受好评的自然历史艺术家、雕刻家本杰明·沃特豪斯·霍金斯（Benjamin Waterhouse Hawkins）用了两年时间设计复原了33具与实物等大的恐龙模型。还有比这更好的庆祝方式吗？这些巨型怪兽的模型主要是按照欧文估计的形状和大小用混凝土做的。它们一面世立刻引起了极大的轰动。人们成群结队而来，想要看个究竟。恐龙热真的已经到来了！

遗憾的是，在接下来的数十年里，这些独特的恐龙模型处于失修状态，其中一些实际上已经成了碎片。但在进入21世纪后的最初几年，残存的恐龙模型被认为具有重大的历史和科学价值。人们重新对它们进行了修复并于 2007 年将它们放回到水晶宫公园里进行展出。

恐龙走进现实

霍金斯并没有止步于此，恐龙热也没有停止下来。1868 年，他开始在北美进行巡回演讲，并与杰出的美国古生物学家、寄生虫学家约瑟夫·莱迪（Joseph Leidy）合作，根据从美国新泽西州哈登菲尔德的一个泥灰岩矿井中出土的首具几乎完整的恐龙骨骼，制作了相应模型。莱迪将这个拥有"鸭嘴"的植食者命名为佛克鸭嘴龙（*Hadrosaurus foulkii*），霍金斯制订了其化石

水晶宫内恐龙公园的雕塑是世界上最早的恐龙模型。从 1973 年起，它们被授予登记在册的二级文物的官方身份，之后经过大规模的修复，于 2007 年被提升为登记在册的一级文物。

禽龙凝视的目光穿越了博物馆的恐龙馆。这种生物在所有恐龙中是最为人所熟知的种类之一，19世纪70—80年代，40多人在比利时贝尔尼萨尔附近的一个煤矿地下300米深处艰苦发掘，发现了这具化石。

模型的装配计划，使之成为世界上第一件与实物同等大小的恐龙骨架模型，而且将它重新摆放成栩栩如生的姿势。它被放置在费城自然科学院进行展示——人群聚集在这个巨大爬行动物高耸的骨骼旁，又一次掀起了恐龙热的浪潮。

2008年，一具经过修改的鸭嘴龙骨架又一次被展示在费城自然科学院中——除了石膏头骨以外，最初的模型早就已经没有了。新展览包括了有关莱迪与霍金斯骨架模型的信息以及莱迪时代古生物学家们对其遗骸进行解读的方式——包括它直立双足的"袋鼠式"姿势，与今天古生物学家们所持的观点有所不同。

在1868年，鸭嘴龙骨架掀起了新的潮流。恐龙和

其他的化石不再一起被藏在储藏室里，也不再作为单独的展品成排地展示在玻璃橱柜中。所有博物馆都需要重建这些早已灭绝的野兽的骨架与其逼真的模型。除了它们的科学价值，它们还对公众具有非常大的吸引力。让我们再回到伦敦——伦敦自然博物馆迅速跟上了这股一直保持至今的潮流。今天，恐龙的吸引力还在不断上升，每年有 300 万人参观伦敦自然博物馆的主化石展厅。

来自南非的莎莉丝特地爪龙被认为是过渡类型中一个很好的例子——也许有些人会叫它"缺失的一环"。作为一种两足的原蜥脚类动物，它显示出恐龙从惯常的两足行走向着依靠四足移动的变化或转变。

新的发现

从化石记录中我们已经认识了上百种不同的恐龙。但是对新种类的探寻依然没有停止。伦敦自然博物馆的科学家们环游世界，寻找最新的令人激动的发现，他们也经常与来自其他博物馆、大学和研究所的同事们进行合作。

近期最有启发性的发现是一个 7 米长、0.5 吨重、10 岁时死亡的植食者——来自南非塞内卡尔地区的莎莉丝特地爪龙（*Aardonyx celestae*）。它是由金山大学的亚当·耶茨（Adam Yates）和他的团队发掘出土的，团队中也包括伦敦自然博物馆的科学家们。人们普遍相信恐龙最早是两足动物，也就是说，它们习惯依靠两条比前腿更长也更强壮的后腿来行走和奔跑。然而，之后被称为蜥脚类的恐龙——真正的大型恐龙，比如腕龙（*Brachiosaurus*）和梁龙——拥有很小的头、长长的脖子和尾巴、桶形的身体和四条柱子一样的腿，这说明它们是四足的，通常依靠全部的四条腿进行移动。

2009 年，一份关于地爪龙的报告描述了一个介于两足和四足的中间类型。肢骨的结构表明地爪龙很多时候是两足移动的，但是它也可以相对舒服地低下身子依靠全部四条腿行走或小跑。它的一个主要特征是前腿骨骼能够旋转或者扭动从而把前脚相当平地放在地上来承受体重。作为中间的过渡类型，地爪龙化石被推断生活在将近 2 亿年以前的侏罗纪早期，晚于早期两足恐龙的时代，但是早于巨大的四足蜥脚类恐龙的时代。

像地爪龙这种重要而又令人满意的发现经常被称为"缺失环节"，虽然它们当然是"被发现了的环节"，但它们还是生命史巨大拼图中的许多碎片。这不仅增加了我们对恐龙的了解，也增加了我们对所有生物的认识，让我们知道进化在过去是如何进行以及从现在起又将如何继续下去。

"艾达"的故事

2009 年的另一个发现与"艾达"（Ida），或者说麦塞尔达尔文猴（*Darwinius masillae*）有关。这是一种灵长类动物——此哺乳动物类群由狐猴、夜猴、猴和猿（包括我们人类）所组成。在一些大众媒体和半科学性质的媒体报道中，"艾达"被誉为"世纪的发现"和"缺失的环节"，揭示了人类及其近亲是如何从更原始的灵长类动物进化而来。当科学界和公众都试图找出这个发现的意义时，曾感到十分困惑。那么，确切地说"艾达"

到底是什么？它该不该被称作"世纪的发现"？毕竟本世纪还有好几十年才能结束。

麦塞尔达尔文猴的命名是为了纪念查尔斯·达尔文诞辰二百周年和德国法兰克福附近麦塞尔坑的页岩矿，后者因为出产精美的化石而久负盛名。这些化石要追溯到大约4700万年前的始新世时期——比见证非鸟类恐龙灭亡的"生物大灭绝"晚了大约1800万年。即使在麦塞尔，麦塞尔达尔文猴的保存状况也是十分令人惊叹的。从化石可以看出它们差不多小宠物猫那样大小，整体形状像一只现代的狐猴，这个小小的树栖者95%的骨骼都呈现出令人难以置信的细节特征——不仅骨头和牙齿被保存了下来，毛皮的印痕也被保存了下来，在体内肠胃原先所在的位置还保存了所食树叶和水果的印痕。这具化石没有这类灵长动物雄性应有的阴茎骨，说明"艾达"确实是个"女孩儿"，人们就以团队的领导者、兆姆·胡鲁姆（Jom Hurum）博士女儿的名字为它命了名。

麦塞尔达尔文猴化石的两块主体部分是在1983年出土的，但是它们出土即被分开。从那时起，它们已被几经转手。只有当2007年它们重新聚合在一起时，全方位的科学观察才变成了可能，但这项工作是秘密进行的。即使这样，有关"人类进化中缺失的重要环节"这个重大发现的故事开始流传开来，紧随其后的是2009年春天出现的一轮针对"艾达"的公开发布，该行动被予以高度重视。事实上，麦塞尔达尔文猴在灵长类家族谱系中的位置依然是备受争议的，而且它很有可能没有处于人类进化的主线上。虽然它缺乏一些现代狐猴常见的特征，但它似乎也不具有任何类人猿谱系独一无二的

艾达的生命复原图展示了一个狐猴样的动物，它非常适应于居住在树上，有能够抓握的手和脚、大大的朝向前方的眼睛和一条长长的保持平衡的尾巴。

（右页图）

小小的灵长类动物"艾达"，麦塞尔达尔文猴，在死亡时可能只有9个月或者10个月大。极少有化石被发现时处于如此完整和细致的保存状态。

特征。除非有对"艾达"化石的完整描述以及与早期灵长类形态学特征的细致对比，否则这些争议是无法解决的。即使"艾达"所代表的物种处于人类进化的主线上，它所生活的时代离今天也非常久远——比公认的人类开始出现的时间要早差不多 4000 万年。

在一定程度上，"艾达"很有可能是炒作和夸大的牺牲品。然而，它在其他一些方面却是非常重要的。它被保存下来的超乎寻常的细节特征使它成为史前时代所发现的最好、最完整的灵长类化石。这件化石揭示了始新世时期早灵长类动物的多样性，以及灵长类群是如何分化成它的两个主要子类群的：一个子类群是曲鼻猴类（即从前的原猴类），包括狐猴、懒猴和婴猴；另一个子类群是简鼻猴类（即从前的类人猿类），包括跗猴、猴和猿。包括麦塞尔在内的其他上千种科学上重要而又美丽的化石展现出一个温暖的森林环境，"艾达"也帮助我们进一步去完善了我们脑中的这幅图画。

废黜的王

除了不多见的"艾达"，6500 万年前就已经灭绝的巨型有鳞爬行动物们依然统治着今天的各个自然博物馆。那么你最喜欢的恐龙是什么？几乎所有针对自然博物馆参观者的民意调查，无论哪一年龄段，都得出相同的答案：霸王龙（*Tyrannosaurus rex*）。"它是这么大""它真的很快""它杀死别的恐龙""它能吃了你"——霸王龙统治今天的恐龙世界已经超过 100 年了。但是拥有一个直译过来为"残暴蜥蜴之王"的名字，它仍然能够保持相应的明星地位吗？现代科学已经撼动了

在这种观点看来，霸王龙具有非常强大的头骨和下颚是显而易见的事情。鼻骨前部附近的两个很大的鼻孔则说明它的嗅觉十分敏锐。

此博物馆的霸王龙标本还包括这件左下颚骨化石，1900 年发现于美国怀俄明州，它也是第一具被发现的霸王龙化石的一部分。

它大而可畏的名誉吗？谁又是它王位的觊觎者呢？

霸王龙的基本统计数据是足够令人生畏的。它从鼻子到尾尖的长度超过 12 米，臀部高 4 米，据估计至少重达 6 吨。这些测量数据都是基于著名的"苏"（Sue）的骨骼，它是到目前为止发现的霸王龙化石中最大、最著名的，也是最完整的之一。1990 年，苏出土于南达科他州菲斯镇附近，它的名字来源于它的发现者苏·亨德里克森（Sue Hendrickson）。今天，苏居住在美国伊利诺伊州芝加哥市的菲尔德自然博物馆。作为 6800 万到 6500 万年前白垩纪晚期最大的陆地肉食者，霸王龙使今天的同种纪录保持者们相形见绌，比如西伯利亚虎和灰熊。

霸王龙有一个小汽车那样大小的头骨，牙齿长 15 厘米，据估计它的咬合力比一只非洲狮要强三倍，巨大的眼睛表明其拥有异常敏锐的视觉。但是这些特征可以从好几个方面进行解释——它们有可能指示了地球上曾经出现过的一种最可怕的食肉动物，或者是一种笨拙的、潜伏的食腐动物。

改变对霸王龙的看法

在伦敦自然博物馆的招牌化石中，有一件是首次被发现的霸王龙的左下颚骨。这一化石于1990年出土于美国的怀俄明州。仔细观察上面的牙齿后人们发现，这些牙齿不像其他大型食肉恐龙的牙齿那样是细长锋利的齿状牛排刀，而是高高的锥体，类似铁路道钉的形状。60多颗牙齿似乎更多是专门用来咬穿骨头，而不是将肉切成碎块的。另一条线索来自头骨的内部，在那里大脑的形状可以从容纳它的骨室被推断出来。大脑的嗅叶——分析气味的部分——相对较大，这可能意味着霸王龙主要靠嗅出腐烂尸体的气味觅食，而不是追击活着的猎物。

更多证明霸王龙是像鬣狗一样的超级食腐动物角色的证据来自它肌肉粗壮的脖子和深深的颚骨，前者也许是用来撕扯猎物的肉、筋和骨头，后者可以抵挡巨大的扭力和拉力。一个顶级的捕食者可能具有强壮的前肢，正如一些与霸王龙同重量级别的食肉恐龙，能够抓住并征服猎物。但是霸王龙那小得可怜的前肢几乎和我们人类的相当，而且伸不到嘴边来喂它自己吃东西。另一种用来解释这种迷你前肢的说法是：在交配时前肢起到某种抓握的作用。或者它们是正在退化的器官——身体的某些部分已经丧失了原来的用途且在进化历程中处于衰退的阶段。一只跑得很快的霸王龙正在一群受到惊吓的恐龙身后追赶，这种想象同样受到质疑。它的后腿巨大并且强壮，这一点毋庸置疑。但是它们没有快速奔跑者所具有的大腿、胫骨和脚的比例，并且骨头和肌肉块也太厚实了。它们似乎更适于带着巨大的身子沉重地小跑，而不适于飞速奔驰。

越大就越好？

雪上加霜的是，霸王龙不再拥有史上最大的陆地捕食者的冠冕。1993年，在阿根廷出土了一种甚至比霸王龙更大的食肉恐龙的化石——南方巨兽龙（*Giganotosaurus carolinii*）。它的时代比霸王龙早3000万年，复原结果显示其长度超出霸王龙一米多，重量超出霸王龙好几吨。后来，人们又发现了埃及棘龙（*Spinosaurus aegyptiacus*），它具有帆一样的背脊，是一种来自北非，大约生活在1亿年以前的巨型捕食性恐龙。2005年，从埃及棘龙新的化石标本得出其估测的长度为16~17米，重量可能为9吨。当然，别忘了还有一个觊觎者——撒哈拉鲨齿龙（*Carcharodontosaurus saharicus*）。这种恐龙和埃及棘龙相似，但是没有帆一样的背脊。这个来自北非的巨型杀手也许比埃及棘龙略小，但仍然比霸王龙要大。

尽管有这些篡位者，霸王龙仍然继续统治着公众们的想象空间。伦敦自然博物馆价值25万英镑的霸王龙电动模型是到目前为止最受欢迎的展品，每周吸引着超过4万名游客前来参观。它的身上安装了可以感知周围运动的摄像头，因此它可以用张开的大嘴、巨大的牙齿和可怕的怒吼对准每一个可能的人类"受害者"。其他的大型捕食者在人们的视线中也许来了又走，但是关于霸王龙到底是高贵的、快速移动的捕食者，还是懒散怯懦的食腐动物，又或者是两者兼有的结合，这个争论将继续下去。但是这与霸王龙自己有什么关系呢？对人类来说，至少到下一代，霸王龙都将保住其"最可怕"和"人们最喜爱"的恐龙头衔，满足我们对一个怪兽的所有想象。

最完美的化石

在传说中，琥珀被称为"凝固的阳光"，并已经被人们珍爱了数千年。它是石化了的树脂——各种树木

所产生的又厚又黏的液体，尤其是某些针叶树。树脂的形成原因尚不清楚，其中的各种化学成分有可能是树木需要渗出并剔除的废物，或者被用来预防能够造成伤害的动物，比如小虫子们，又或者它们是出于物理保护的目的。树脂从破损的树枝、裂开的树皮和幼嫩的苞芽处渗透出来，形如黏稠的糊状团块，接着便覆盖住一切它所流经的东西。一段时间以后，当树脂失去了易挥发成分并开始凝固时便会开始变硬。经过更长的时间以后，它们开始石化。清亮而非浑浊的琥珀品种，在珠宝和各种各样的装饰中极受人们关注和喜爱。

起死回生？

《侏罗纪公园》的书和电影（1993—2001）歪曲了科学家们的形象，人们认为是他们使恐龙、翼龙和其他的中生代怪物们复活。复活的原材料就是 DNA（脱氧核糖核酸），它是携带基因的物质，基因则是以化学形式存储的"生命的程序编码"。《侏罗纪公园》中，科学家们找到被困在琥珀中石化了的吸血蚊子和类似的飞虫，将恐龙的 DNA 从这些昆虫体内保存的恐龙血液中提取出来。这样做可行吗？大多数科学家对此持小心谨慎的态度，不会轻易说"可能"，并且以现有技术要想达到这样的目标，还有很长的一段路要走。但是，如果真的有什么物质适用于这一目标，那就是琥珀。琥珀的重要性，以及作为一种天然的抗菌包装和隔氧的屏障所起的作用，大大超出了肉眼可见的范围，可以帮助科学家进入从前活体组织的微观细胞和分子层面。冷冻是另一种保存 DNA 的方法，至少可以使一些DNA 保持完整。正如在某些类型的骨骼和牙齿化石中，可以找到保存下来被称为结晶聚集体的特定结构。

要复活已经灭绝了很久的物种，人们会遇到许多难题。比如让恐龙复活，或者让即使是仅仅几千年前才灭绝了的猛犸象复活都不是一件简单的事。举例来说，在活细胞中主要有两种 DNA——核 DNA 位于一个细胞的控制中心，也就是细胞核中，携带了每个生物体发育、生长及其一般生

这只可追溯到大约 3500 万年前保存极好的蟑螂标本，看上去似乎会摇动自己，以逃出它的波罗的海琥珀坟墓。

命过程所需的成千上万个基因中的绝大部分；线粒体 DNA 的长度要短得多，它们被包含在线粒体内部。线粒体的形状好似香肠，是细胞的"发电站"，为细胞提供其生命的能量。这种线粒体 DNA 同样代代相传，但是只通过母系遗传，也就是靠卵细胞遗传，其中没有一点来自雄性的贡献。也许还有第三种类型——来自处理标本的工作人员的 DNA，或者是来自周围环境的 DNA。这种污染的问题是确实存在的，因此对实验室及技术的要求也是极其苛刻的。

　　获得连续一大段的 DNA 序列是一项非常困难的工

天然的时间胶囊

　　伦敦自然博物馆拥有上千件琥珀标本，它们的年代可以追溯到 1 亿年以前。它们之所以珍贵既是因为美丽的外表，也因为它们在古生物学上的重要意义。在许多情况下，树脂从树干上流下来时不仅吞没微小的生物，比如变形虫和细菌，还会包裹树叶、种子和其他植物碎块，以及小飞虫、甲虫、白蚁、蜜蜂、蚂蚁和其他的昆虫，可能还有蠕虫、蜗牛、蜘蛛或者蜈蚣。如果树脂量再多一些，会困住更大的动物，比如青蛙、蜥蜴，甚至是老鼠。埋葬于现在已成固态的"监狱"中，这些内含物被保存的精密程度常常使人震惊。举个例子，这只小飞虫身上的每一根毛都能被看得清清楚楚。人们已经从琥珀中认识了上百种消失很久的物种，特别是多米尼加琥珀，它们产生的年代主要为距今 4000 万至 1000 万年以前。这种琥珀是由现今已经灭绝了的常绿阔叶树——琥珀树（*Hymenaea protera*）所生产的，而琥珀树与今天的洋槐和孪叶豆属树木（如孪叶苏木）是近亲。这件困有一只蜜蜂的多米尼加琥珀标本曾经被用来尝试 DNA 的提取。这项工作目前仍在进行当中，其中遇到的问题，比如工作环境带入的 DNA 污染等，正在逐步得到解决。

作。通常它会随时间降解，形成许多碎片，然后继续分解。要将其中少得可怜的残存片段拼凑起来真的是一个巨大的挑战。但是这是不可能完成的吗？人们正在从1亿年以前的昆虫化石中恢复少量的DNA，同样的工作也针对曾生活在4.2亿年前富盐环境中的一种细菌微生物。基因技术的巨大进步每年都在发生。如果得到一个灭绝物种的哪怕很少的DNA片段，我们就能够用来自它现生近亲的DNA去帮助填补这些片段之间的一些缺口。再过一两个世纪，谁知道那时我们会距离这一目标的实现有多远！

作为对比，想象一下采集化石的第一位女性会如何看待今天拥有电动恐龙、DNA测序仪、虚拟展示、激光和全息图的高科技博物馆。她生活在大约200年以前，名叫玛丽·安宁。

化石第一夫人

玛丽·安宁（Mary Anning, 1799—1847）是最早为人所知的商业化石猎人之一。她出生于英国多塞特郡的莱姆里杰斯，一生都生活、工作在这个沿海小镇上。据说，当她大约1岁时，一道闪电杀死了和她在一起的三个人，包括抱着她的妇女，但是玛丽却幸存了下来。后来当地出现了一种说法，认为这件事塑造了她好奇的天性和活泼的智慧。

玛丽来自一个穷人家庭，她的家庭并不接受当时来自正统英国国教的宗教观点。这些观点包括对《圣经·旧约》经文字面上的坚信，认为地球以及地球上所有的动物、植物和其他生物是在大约6000年前的6天

（右页图）

图中，玛丽·安宁穿着她的户外服，带着她忠实的小狗、地质锤和采集化石所用的篮子。这幅纪念她的油画创作于1847年，作者为B.J.多恩（B.J.Donne）。

当中被创造出来的。但是按照这一观念，化石的存在就成了一个问题。有些人认为它们是很久以前消失的动植物残骸，但从圣经的观点来看，它们已经在《圣经》所描绘的大洪水中被毁灭了。另一些人坚决反对这一解释，并声称化石是上帝专门亲手加工制作的石块，用来检验信徒对他的忠诚。

　　玛丽对所有这一切并没有探究得太深。她发现自己有一种从岩石中认出化石的天赋，并且对她来说，几乎没有比莱姆里杰斯更好的地方来实践这种技能了。莱姆里杰斯就坐落在"侏罗纪海岸"上，沿岸都是崎岖的悬崖峭壁、塌陷和高低不平的地面，横七竖八的石头绵延了153千米，从多塞特郡的埃克斯茅斯附近向西直到德文郡的斯沃尼奇地区。沿着海岸的石灰岩等沉积岩石

莱姆里杰斯地区的海岸持续受到海浪冲刷、海流和潮汐的侵蚀，暴露出不可思议的新发现。这一段海岸位于查茅斯的该隐斯弗利，这张照片展现了垂直的峭壁和滑坡。

这是鱼龙中的板齿泰曼鱼龙（*Temnodonto-saurus platyodon*），它的头骨由玛丽·安宁的哥哥约瑟夫（Joseph）于 1811 年发现。颈部的化石在第二年被玛丽发现，那时她只有 13 岁。这条鱼龙生活在距今 1.99 亿至1.95 亿年以前，现收藏于伦敦自然博物馆。

大多曾是古老的海底，它们的沉积经历了巨大的时间跨度——超过 1.7 亿年，从三叠纪时期到白垩纪时期。2001 年，当这里成为一个世界遗产保护区时，侏罗纪海岸的重要性才得以确认。

为了赚钱在海滨搜寻

回到 19 世纪早期，玛丽很少关心这些事情。她的家很穷，为了赚钱养家，她带上她的狗——垂（Tray）在莱姆的海滨漫无目的地行走，尤其是暴风雨过后当冲击的海浪使大块的岩石松动或倒塌时，每一个新鲜的掉落面都暴露出令人惊奇的新的化石。现在我们知道它们的年代可以追溯到侏罗纪早期，距今 1.9 亿到 1.8 亿年以前。博物学爱好者们和收藏家们准备好要收购这些"宝贝"用以陈列在各种各样的地方，从简陋的壁炉台到富丽堂皇的家庭图书馆，再到真正的博物馆。化石标本包括许多菊石，它们是今天的乌贼和章鱼的卷壳亲属，同时还有更像乌贼的箭石，以及鲨鱼的牙齿、鱼的碎片和其他的海洋生物。

玛丽的技能在于能发现不同寻常的、极具价值的化石，那就意味着可以卖出更高的价钱。1811 年，玛丽和她的哥哥看到一个化石头骨的一部分从峭壁上伸了出

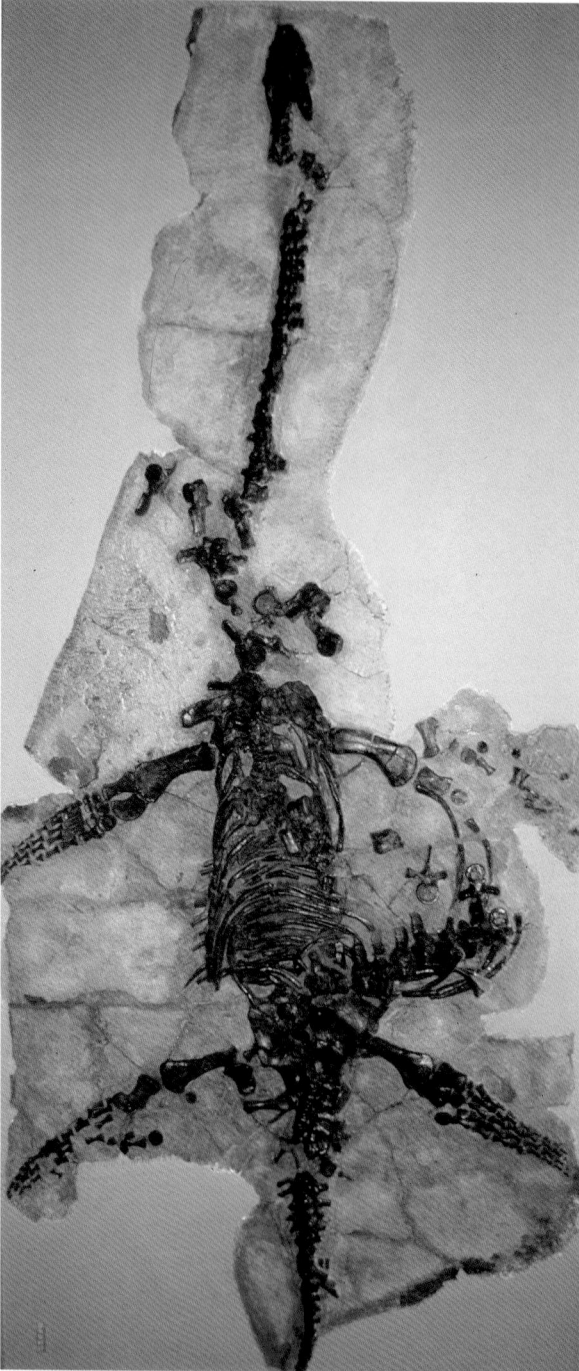

这是玛丽·安宁伟大发现中的一件，2.9 米的长颈蛇颈龙骨架。它是被发现的第一只有关节的蛇颈龙——它每一部分的骨骼都在自己原本的位置上，就像活着的时候一样。

来。在接下来的几个月中，她发现了一个几乎完整的骨架。这是一种相较于菊石不太为人所知的生物——第一件为世人所知的鱼龙化石标本。这个凶猛快速的海洋捕食者在大小和形状上比较接近一只海豚，也许生活的方式也和海豚较为相似。然而，它的尾鳍是像鱼一样垂直的，而不像海豚是水平的。鱼龙是一种爬行动物，当恐龙统治陆地的时候，它们统治着海洋。最终，玛丽以 23 英镑的价格将这个骨架售出。在当时的古生物学家和科学圈中，玛丽正在变得越来越有名气。

海滨的工作是非常辛苦和危险的，玛丽的小狗垂死于一次常见的山体滑坡。而在外面更广阔的世界中，更多的麻烦也即将到来。一些思想上自由的人开始思考这些化石惊人的数量以及丰富程度。地球有比 6000 年要长得多的历史吗？一场科学革命正在酝酿中，而玛丽的工作——即使她是一个女人，不是贵族出身，也不是英国国教信徒——是其中重要的一部分。

在本地赞助人托马斯·伯奇（Thomas Birch）的帮助下，玛丽的名声越来越大。1826 年，她在镇上建立了名为"安宁化石库"的商店。到访的有钱人和名人包括著名的地质学家、古生物学家和一些科学家，比如来自牛津的威廉·巴克兰（William Buckland）、来自瑞士的路易斯·阿加西斯（Louis Agassiz）和伦敦自然博物馆的创始人理查德·欧文。她进一步的成就包括发掘出了几具极佳的蛇颈龙（plesiosaurs）骨架，这在科学上属首次发现。蛇颈龙是海洋爬行动物，有着小小的头、长长的脖子、矮胖的身体、四只鳍脚和一条短尾巴，经常被说成是传说中尼斯湖水怪的原型。此外，玛丽还首次在英国发掘出翼龙（pterosaurs）化石——与恐龙相关的有翅膀的生物，有时也被非正式地称为"翼手龙"（pterodactyls）。她还促成了"牛黄石"（bezoar stone）实际上是石化了的史前动物粪便这一观点的形成，现在人们称之为粪化石。

从 2004 年起，每年的晚春时节，人们都会聚集在莱姆里杰斯举行活动纪念玛丽的一生和她所做的工作，这也是化石节内容的一部分。这项狂欢式的活动包括参观位于教堂墓地的玛丽之墓，并肯定了她对帮助人们理解圣经文字所做出的贡献。她的成就对科学家们思想的转变也起到了很大的

促进作用，使越来越多的人认同地球是非常古老的，而化石则是在很久以前消失的动植物残骸这样的观点。伟大的人物如乔治·居维叶男爵（Baron Georges Cuvier）和后来的查尔斯·达尔文继承并发扬了这一观点。如今，伦敦自然博物馆还陈列着一幅玛丽的肖像画，以示后人对她的敬意。

多萝西娅·贝特是一个很有主见的人，并且特别有决心。她使用几乎任何手段来获得标本，从使用有魅力、有影响力的人到使用炸药炸毁岩石。上图左边很小的塞浦路斯河马头骨模型是多萝西娅在1906年制作的，它是复原的完整骨架中的一部分。而右边的则是她用作复原参照的一件真正的化石。

到地中海去

比玛丽晚大约一个世纪，另一位著名的女性化石收集者进一步消除了人们的狭隘观点——古生物学专属于教养良好、出身名门的男人。来自卡马森郡的多萝西娅·贝特（Dorothea Bate，1878—1951）曾说，她受的教育"只是被学校在短时间内中断了"。她从19岁起开始学习古生物学，当时她正在伦敦自然博物馆从事一份针对鸟的羽毛和皮肤的研究工作，后来她又做过清洗和修理化石的工作。到1901年，她就发表了关于小型哺乳动物化石骨骼的科学报告，这些小型哺乳动物来自

最近的冰河时代，距今不超过 250 万年。

多萝西娅以惊人的速度吸取了知识并决定张开自己的翅膀。她自费启程，也没有跟随任何正式的科学组织，去考察地中海化石富集的洞穴，尤其是塞浦路斯、克里特岛、马耳他、科西嘉岛和西西里岛。她旅行时没有任何安全保障，在当时是非常危险的。当她挖掘洞穴和悬崖寻找化石宝藏时，需要勇敢地面对当地的流氓、土匪和肮脏的生活环境。她在艰难条件下的努力工作换来的是一系列突破性的发现，包括一些大型哺乳动物的"侏儒种"，比如大象和河马。

特别值得一提的是，多萝西娅的战利品中有一件是塞浦路斯侏儒象，拉丁名为 *Elephas cypriotes*。当她偶然见到它的臼齿，看到它的大小还不及生活在欧洲大陆的近亲的一半时，她就知道它是非常特殊的了。通过完整的复原，这种小型象的大小和一匹非常小的矮种马一样大，重量可能在 200 千克左右。这种象可能一直存活到距今 1 万年以前，它的灭绝可能是气候变化和人类的猎杀共同导致的结果，就像下面所描述的它巨大的近亲猛犸象一样。多萝西娅的另一个发现是差不多同样大小，甚至更小的塞浦路斯倭河马，拉丁名为 *Hippopotamus (Phanourios) minor*，只有 80 厘米高。她还采集了鸟类、哺乳动物和其他动物的新物种，并且经常亲自动手剥皮和制作标本。

岛屿矮态

多萝西娅正在为现在人们所熟知的岛屿矮态现象积累证据。在空间、食物和其他资源有限的一小片土地上，一个物种中较小的个体更倾向于能够在困难时期生存下来。它们身体所需的食物更少，它们也能更好地应对来自环境的压力。当这种趋势继续下去，一种曾经体型庞大的生物就可以进化成为只有原来的一部分大小。同样，大多数岛屿缺乏大型捕食者，因为那里没有猎物来维持它们的生活。因此，大体型作为对抗最终被捕食命运的一种自我保护形式变得越来越不重要，从而也有助于侏儒化的趋势。

这枚侏儒象的牙齿就安放在一枚已经灭绝了的古棱齿象成年个体相同牙齿的旁边。这枚迷你牙齿是由多萝西娅·贝特采集于1901年前后。请注意，尽管大小不一致，但它们二者的形状是多么相似。

世界各地的岛屿上都有矮化的动植物案例，其时间可以追溯到恐龙的时期，但主要还是来自距今相当近的最后几次冰期。它们包括大象、猛犸象、鹿和地懒的化石种。其中最耐人寻味的两个案例是弗兰格尔岛的长毛猛犸象和"霍比特人"。弗兰格尔岛位于亚洲西伯利亚东端的北部，岛上的小型猛犸象可能一直生存到距今不到4000年以前，与之形成对比的是"正常的"长毛象，在距今10000年到9000年前就灭绝了。

多萝西娅在伦敦自然博物馆的工作岗位上工作了50年，她决不会想到自己这些开创性的工作将对一个世纪后的科学研究产生多大的影响。

霍比特人

"霍比特人"，学名弗洛勒斯人（*Homo floresiensis*），被发现于东南亚弗洛勒斯岛的洞穴中，至今存在争议。这种体型很小的人类于 2003 年被首次发掘出来，比我们人属（*Homo*）最早的代表能人（*Homo habilis*）还要矮小，可能一直生活到距今 1.2 万年以前。霍比特人的骨骼化石和使用的石器在人类发展中所处的地位是备受争议的。一些专家称他们小型的头骨和身材是由于某种疾病，例如一种遗传缺陷，然而其他的专家把这作为岛屿矮态的又一个证据。更多近来的研究表明这些"霍比特人"是一种非常原始的或者说老式的具有人类特征的奇怪混合体。同时，他们还具有另外一些更加现代的特征。在史诗电影《指环王》三部曲上映期间，关于化石霍比特人的争论不绝于耳，要彻底解决这一争议恐怕还有好一段路程要走。

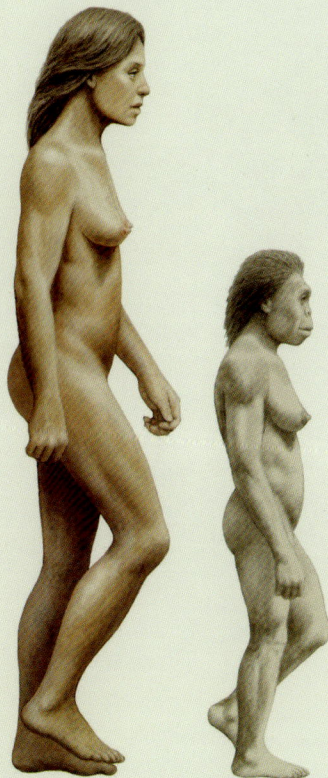

化石医院

　　玛丽·安宁、多萝西娅·贝特和其他发掘者们使用诸如凿子、镐、刮刀、半圆凿等工具挖掘并清理他们的化石发现。没有强大的显微镜的帮助，人们经常看不清楚化石在哪里结束，围岩又是从哪里开始的。今天，这些已不再是问题。伦敦自然博物馆的古生物保护部就是一间"化石医院"，标本被送到这里进行修补、清理、翻新，并且通常使它们恢复了"健康"。

　　现代的化石修理者和保护者们所使用的是一系列科技含量很高的设备和小工具，它们看起来似乎和牙科医生的诊疗椅和显微外科的手术室更匹配。在双目立体显

在古生物保护部，斯科特·摩尔-菲（Scott Moore-Fay）正在使用物理方法修理一件三叶虫的化石，即用动力工具认真地一小块一小块地去除掉标本自身所带的围岩。要经常刷或者用高压气泵吹化石表面，清走松脱的小碎片，这样才能在进行下一步剥离工作之前看清楚标本的状况。

激光枪只是其中一种用来剥离和清理化石（这里是一件爬行类的标本）的高科技工具。这项工作需要很好的技术能力和熟练程度，以及长时间的全神贯注。

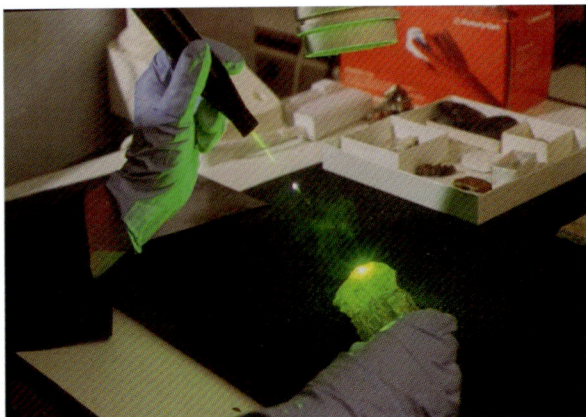

微镜[1]、配有各种钻石和硬质合金尖端的高速气动钻和切割机、研磨机、探测仪、喷砂机等类似精密仪器的帮助下，剥离和清理过程进行得相当缓慢，且需要十分小心。至关重要的是，要保证化石本身不被工具的痕迹所改变，不然将来可能被其他工作人员误认为是血管的通道、神经孔、肌肉附着的粗糙面或者是捕食者、食腐动物在原来的生物体上留下的咬痕或爪痕。对一些特殊的化石来说，清理出一枚邮票大小的区域可能要花费一整个星期的时间。

激光枪是一种较新的小工具。它发出光束的能量和波长是可以调整的，这使它能够粉碎或气化围岩而不破坏化石本身。其他的方法还包括用酸和别的化学药品的特殊混合溶剂对化石进行涂抹或浸泡，尤其是用来消除标本周围的围岩，而不溶解化石本身。这些化学物质的配比多种多样，每一种只针对特定类型的岩石或矿物，

1　类似于高性能的双筒镜，视野中既有深度，也有宽度和高度。——译者注

并且每一种在使用之前必须先在一小块不太重要的标本上进行测试。这是一个很漫长的过程——历经若干次涂抹或浸泡以去除不需要的围岩，这也许要花费几个星期，甚至好几个月。

对抗衰变

有成百上千万件的标本需要进行修理，伦敦自然博物馆古生物保护部要完成这些工作估计得花 5000 年。偶尔会有不走运的古生物学家不小心弄碎、弄裂甚至摔碎了标本，对这些标本的修复也属于他们日常工作的一部分。

大多数化石由岩石或矿物构成，它们看起来似乎是永恒不变的。但是，一种叫"黄铁矿衰变"的现象能够对由某些特定矿物所构成的特殊化石造成巨大的破坏。像病毒感染一样，它通过收藏品进行扩散，并且侵害了超过 50 000 件的博物馆标本。衰变的迹象包括黄铁矿矿物所在部位经持续氧化后所呈现出的淡黄色和黄绿色的粉末涂层。如果放任不管，"黄铁矿衰变"能把一件珍贵的化石标本变成粉末。博物馆的工作人员正在开发新的方法阻止腐蚀的发生，将化石从"黄铁矿衰变"中挽救出来。有一种方法是将标本放置在通风、安全的氨气环境中来阻止衰变的进一步发生，然后将其储存在无氧条件下，从而阻碍化学上的衰退。

巨大的挑战

伦敦自然博物馆历史上最大的一件化石标本于 2009 年运抵——当时处于拆分成 100 多块的状态。它是距今 1.45 亿年前侏罗纪晚期的一棵树。更确切地说，它们是来自一棵类似柏木的针叶树的大约 130 块树干或主枝，这些化石被发掘于英格兰西部威尔特郡一处超过 1.5 米深的黏土中。化石的发现者为石匠及兼职化石侦探约翰·尼达姆（John Needham）和他的女儿易希（Izzy）。他们历时数月，花费了 180 小时对化石进行发掘。之后，

威尔特树树化石大块的树干部分被装到运货板上，固定好，
然后装入货车，准备好它们去往位于伦敦西南部旺兹沃思
的博物馆库房的行程。

这些标本被分批运送到博物馆的所在地——别忘了，其中最大的部分重量超过 0.5 吨。

这些树的碎块有点像一个巨大的 3D 拼图。当连一个强壮的人都无法举起或转动其中很多碎块时，尝试重新组装一棵化石树跟动用你的食指和拇指操作 2D 的拼图碎块根本就是两回事了。物理操作的办法，即通过猜测试着将不同部分彼此对接起来几乎是不可能的。以 3D 激光扫描仪形式出现的新技术可以帮助解决这一难题：使用 3D 激光系统将树化石的碎块扫描进计算机，类似于设计豪华汽车、起重机行车大梁或小型医疗设备中微型齿轮箱的方法；一旦树每一部分的 3D 形状被数字化地输入计算机，屏幕上它的虚拟模型就可以通过键盘或鼠标来移动、转动和旋转。这时，将可能的碎块进行反复拼接的试验就变得容易多了，原来完整的物体也因此得以重建。

恐龙森林

从这件侏罗纪树化石得出的结果是非常令人惊讶的。那些看似是它主干的部分，实际上是从主干生长出的一条主枝，主干则并没有被保存下来。因此，整棵树要比人们最初想象的还要大。化石碎块的形状从一个侧面到另一个侧面是相当扁平的，其横切面几乎呈椭圆形，而不是树本来应该长成的圆形。横切面相当详细地展示出树木的年轮，其形状说明了当时的气候特征——夏季炎热干燥，冬季相当湿冷。更近距离观察保存下来的按一定方式整齐排列的显微细胞，它们的详细特征说明这棵树属于某种柏木属。

通过对如此大量证据的仔细研究，包括分析同一地区出土的其他动植物化石，博物馆的科学家们能够得出比较可信的关于这棵树的生活和死亡的故事。它很可能有 15~20 米高，像柏树一样有着向顶部大大展开的树冠。它曾经生长在开阔的林地，那里散布着乔木和灌木——但是没有草，草在这一时期很可能还没有进化出来，那时的气候总体来说是温暖而相对干旱的。这就是侏罗纪晚期，一些大型恐龙的全盛时期。肉食者和植食者们都

在电脑屏幕上，威尔特树化石被重新组装，成为树干的一部分，现实生活中大约有 12 米长。当被发现时，它是处于水平放置的状态，较低的一端接近一个非常大的直立木桩。

曾在它的树枝下漫步。环境和化石提供的线索都显示出这棵树生长在一个咸水湖边。某一当地发生的事件，有可能是一次滑坡，使水淹没了林地并杀死了这棵树。但是它仍保持着直立的状态，这种状态可能持续了 10 年、20 年或者 30 年，在这一时期它的根部慢慢腐烂。其上的小洞是来自昆虫的证据，可能是类似于白蚁和蚂蚁的昆虫钻孔进入木头里。经过了若干年这种活跃的动物腐坏作用之后，这棵树最终倾倒在咸水湖里，开始了它漫长的石化过程。以这种方式，这件有可能是博物馆里最大的化石为我们提供了一个很好的机会去瞥见恐龙时代中期英格兰西部一小块土地上有关气候与植被的鲜活场景。

猛犸象问题

冰河时代北方陆地上著名的长毛猛犸象，即真猛犸象（*Mammuthus primigenius*）是时间离我们近很多的史前巨兽。凭借厚厚的蓬乱长毛、皮下超过 6 厘米厚的隔热脂肪层和用来扫除植被上积雪的超过 5 米长的巨大弯曲门牙，它们极好地适应了严寒和极地苔原的生存环境。猛犸象雄性成年个体身高超过 4 米，重量达到 8 吨，这样巨大的身躯在散失热量时非常缓慢，因为它的体表面积与身体体积的比例很低。这符合生物或者生态地理上的趋势，即 1847 年由德国生命科学家克里斯蒂安·贝格曼（Christian Bergmann，1814—1865）提出的贝格曼法则。该法则认为，生活在高纬度或高海拔寒冷地区的动物对比它们生活在温暖地区的亲属来说，拥有较大身体体积和更小肢体末端以防止热量流失。

在肯特郡的斯旺司孔发现了超过 10 万件的手斧。它们的年代应追溯到距今 50 万—30 万年以前。究竟是谁制作了它们是一个充满争议的问题——也许是尼安德特人，也可能是直立人。

许多动物和植物化石的发现使我们能够复原出长毛猛犸象的栖息地。在这幅春季场景图中，猛犸象群、马群和一只狼獾离开了由落叶松和松树树林组成的避难所，艰难跋涉到没有树只有莎草和羊胡子草的苔原地带。

公认的观点认为，直到距今大约 2 万年以前的极冷期——末次冰盛期之前，长毛猛犸象都生活在英国和欧洲西北大部分地区。这些"标准的"长毛猛犸象可能在其他地方生存到距今 1 万年以前，然而前面提到的弗兰格尔岛的矮猛犸象（见第 60 页）在它寒冷的边远居所一直生存到距今不到 4000 年以前。

长毛猛犸象的消失与末次冰期在同一时期内发生，猎杀猛犸象的人类也在这一时期沿着猛犸象的栖息地进行扩张。这两个因素结合起来被认为是导致猛犸象灭绝的原因。不仅是多毛的猛犸象，还有许多其他巨型动物在差不多的时期内灭绝，它们被统称为"更新世巨型动物群"——源自地质时代名称"更新世"。它们包括披毛犀、巨鹿、野牛、恐狼、洞狮、洞熊等。

气候变化，过去和将来

博物馆的科学家们一直在寻找有助于推翻这些观点的新证据。他们对来自什罗普郡康多弗的猛犸象骨骼进行了新的碳同位素测年，结果得出它们的年代为距今大约 1.4 万年以前，这比以前所认为的年代晚了 6000 年左右。之前，这些标本已经被做过放射性同位素测年的研究，但是更新的技术包含一个超滤的处理过程，使样品受到污染的机会大大降低，由此人们就能够得到高纯度的样品。使用较老的纯化方法从其他骨骼和牙齿的样品中得到的测年结果已经显示出之前的结果存在很大的偏差。因此，猛犸象的残骸被重新检验——果然，一个更晚也更加准确的测年结果出现了。

在伦敦自然博物馆，人们将来自其他化石的证据与长毛猛犸象的新测年结果相结合，尝试拼凑出一幅更准确的图画，来解释这些野兽是如何以及为什么灭绝。现在被描绘出的图画是这样的——气候变化通过影响大面积地区的植被并且在此过程中发挥了主要的作用。猛犸象喜欢吃比较硬的草本植物，它们首选的栖息地属于草原环境，但是这些环境却开始被树木和森林所侵占。猛犸象的分布范围变得越来越小，最终只留下一些很小的残存区域作为它们的避难所。同时，它们的数量也从几百万头下降到只有几千头。本地的灭绝也许会被从其他避难所迁徙过来的小种群恢复，英格兰南部地区就可能发生过这种情况。然而，没有什么可以抵挡正在变化着的气候——事实上，那时的气候正处于一个自然界全球变暖相对快速的时期。

石器时代的人类已经拥有了使用矛、斧、陷坑和对火的控制能力，他们也许加速了猛犸象的灭绝，但很可能在这之前猛犸象就已经有了灭绝的命运。关于这个世界的未来，猛犸象的命运给我们上了我们宝贵的一课——有可能我们自身也开始进入一个气候变化和全球变暖的超快速时期。

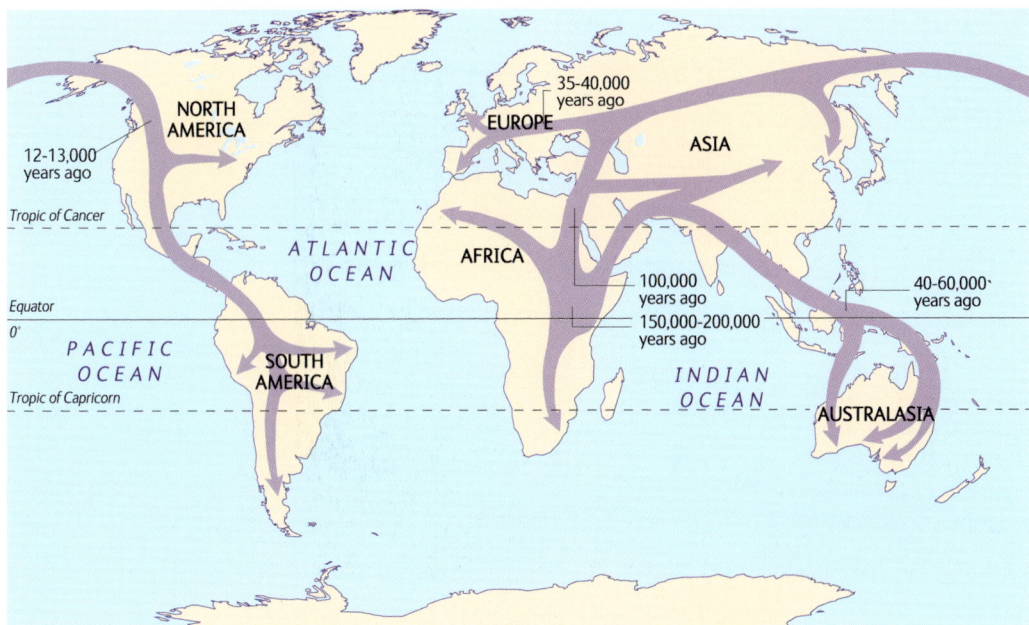

NORTH AMERICA	35-40,000 years ago
12-13,000 years ago	EUROPE ASIA
Tropic of Cancer	
ATLANTIC OCEAN	AFRICA
Equator 0°	100,000 years ago
PACIFIC OCEAN	150,000-200,000 years ago
SOUTH AMERICA	40-60,000 years ago
Tropic of Capricorn	INDIAN OCEAN
	AUSTRALASIA

这幅示意图展示了人们所推测的现代人是如何从 20 万年以前开始在全球范围进行扩散的，首先在非洲内部，继而辐射扩散到其他的大陆。中东地区可能经历了两次人类迁徙的浪潮，第一次只是暂时性的，随后而来的则是尼安德特人。

人类的灭绝

化石和其他遗存表明，长毛猛犸象遭到了尼安德特人（*Homo neanderthalensis*）的猎杀，尼安德特人是与我们亲缘关系很近的人种，可能在 3 万年前灭绝。我们再次追问，导致其灭绝的原因是什么呢？非常明显，气候变化是一个重要的因素。尼安德特人是适应寒冷气候的人种，能够在冰期的严酷条件中生存下来。当间冰期全球变暖时，他们反而觉得更艰苦些。接着，又一个可能的威胁一同到来，最终导致他们的灭绝——我们现代人（*Homo sapiens sapiens*）的出现。

我们自身起源的问题在人类所有未解之谜中是最令人着迷也是最能引起共鸣的，伦敦自然博物馆的研究者们在这方面所作的研究处于世界领先的地位。其中主要的理论就是被称为"走出非洲"或者"最近单一起源"的假说。这个假说提出，在非洲距今 20 万到 10 万年前的某一时期，一小群我们的直接祖先，即古老型智人（archaic *Homo sapiens*）经历了一次相当快速的物种形成事件，进化成我们所说的完全的现代人——基本上就是我们自己。这些人繁育后代并在非洲内部迁徙。在 6 万年前的某一时期，最初的一群人从非洲大陆进入中东和欧洲，并在 4 万年前继续向东进入亚洲和澳大利亚。还有一些人穿过白令陆桥从亚洲进入北美，继而南下进入南美。

走出非洲

在走出非洲并迁徙到全世界的过程中，这些现代人也许取代了其他的人种，比如欧洲的尼安德特人和生活在非洲与亚洲的直立人（*Homo erectus*）。"取代"究竟意味着什么，存在不同的争论。现代人有可能采取了暴力的手段，杀光了他们所认为的竞争对手。这些新来的移民可能拥有更高水平的智力、沟通能力、计划能力、武器和工具，使其在争夺资源，特别是食物资源时，能够胜过已经存在的当地居民。不同人种之间可能曾有过通婚的现象——一些专家称，偶尔会有化石标本显示出混合的形态学特征。

无论机制如何，由于地域和时间的不同，具体情况也会随之发生改变，事实是几乎所有之前出现过的人种都灭绝了，只有我们存留了下来。伴随着这史诗般的大迁徙，分布在世界各地的现代人的不同群体变得适应于当地的生活环境，随之改变的有皮肤和头发的颜色，以及面部特征，等等。通过这种方式，我们今天所看到的人类族群广泛的多样性出现了。

化石与基因

人们有充足的证据来证明"走出非洲"的观点。有许多化石和考古遗迹能够用来探索现代人的迁徙过程。人类学家们也指出了现代人各个种族

克鲁马努人是解剖学意义上的现代人，他们源自许多年以前离开非洲的人群。首次被报道的克鲁马努人是 1868 年发现于法国多尔多涅地区的 3 万年之前的古老遗骸。

中符合该理论的体质人类学与生物学上的特征。除此以外还有基因上的证据，例如以线粒体 DNA 形式存在的基因（参见第 49 页）。对广泛的不同族群的人所携带的线粒体 DNA 进行分析，结果显示出其构成随着人类的迁徙而发生改变。持续向前追溯，线粒体基因——通过母系而不是父系向下传递——指向一个半虚构的女人，称之为"线粒体夏娃"。她可能生活在接近 20 万年前的东非。事实上，她是首位完全的现代人女性的象征。科学家们使用专门的术语称呼她，比如"母系的最近共同祖先"，英文缩写为 MRCA。一个更基本的称呼也许是"我们所有人的母亲"。

再来看父系遗传的那条线，也有证据支持一位"父系的最近共同祖先"，英文缩写为 PRCA，即"Y 染色体亚当"。他是通过追溯 Y 染色体所携带基因的突变而得出的结果。组成人体的大多数显微细胞中都存在着 46 条染色体，它们组成了人类的遗传物质包，Y 染色体就是这 46 条中的一条。Y 染色体是男性的性染色体，与之对应的女性性染色体是 X 染色体。拥有 XX 染色体组合意味着这个人是一位女性，而 XY 染色体组合则决定了这是一位男性。当然，"线粒体夏娃"一定不是"Y 染色体亚当"的配偶。实际上，这两位生活的时代可能相距数千年，我们也不知道他们中的任何一位究竟在哪里生活。但是，他们作为我们自身人种代表了史前的重要转折点，这个转折点就是智人的亚种——晚期智人的出现，即现代人的诞生。

"走出非洲"理论主要的竞争对手是被称为"多地区起源"的假说。这个假说描述了直立人进化到我们现代人的过程。首先，直立人在大约 200 万年前迁徙到世界各地，接着各个不同的地理种群在他们各自的区域内进化成为构成现代人的各个族群。

填写详细信息

以上所述是一个泛泛的、简化的关于"走出非洲"理论的概述。在古生物学、遗传学、考古学和人类学研究的支持下，博物馆的研究人员与别处的研究人员一起，正在明确这个理论的细节部分。现代人经历了几次迁徙？什么时候？迁徙到了哪里？当现代人迁入不同的大陆时，在其他人种的身上发生了什么——比如之前提到过的那些弗洛勒斯的"霍比特人"？随着工作的进行，近来有证据表明，人类从非洲第一次扩散的时间也许比之前设想的要早 2 万年。像往常一样，在这个过程中亦将有认识上的进一步完善和一些惊喜在等待着我们。在自然历史的大多数领域，想绕过查尔斯·达尔文是很困难的。1871 年，他在《人类的由来》（*The Descent of Man*）一书中就提出人类最初来自非洲，因

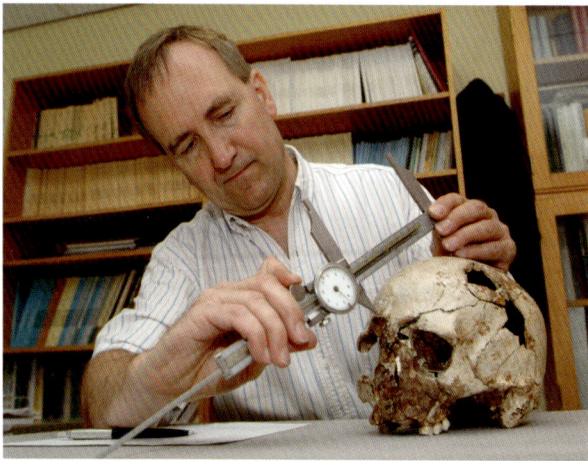

博物馆的人类起源专家克里斯·斯特林格（Chris Stringer）对距今 9000 年的切德人头骨进行测量。这是数百个测量项中的一项，也是针对头骨每一个面、每一条线、每一条脊和每一条缝隙的详细研究。

为与我们关系最近的现生动物黑猩猩和大猩猩就在那里被发现。他一定会对自己的想法所取得的进步感到非常满意。

皮尔当的惨败

如果用带有偏见的眼光来看待我们人类起源的问题，一个关于化石和博物馆最具警示意义的故事将不得不被提起。位于英国东苏塞克斯郡阿克菲尔德附近的皮尔当村在 1912 年声名鹊起，因为有人宣称在那里找到了代表猿和人之间"缺失的环节"的化石。众人所熟知的皮尔当人或者说道森曙人（*Eoanthropus dawsoni*）的化石由"一个破碎的椰子"——几块头骨和部分带着牙齿的下颌组成。它们是由业余考古学家查尔斯·道森（Charles Dawson，1864—1916）率领的小团队在一个砾石坑中发现的。杰出的古生物学家、伦敦自然博物馆地质学部的管理员亚瑟·史密斯·伍德沃德（Arthur Smith Woodward）也参加了他们的研究和复原工作。

皮尔当人符合当时人们对"缺失环节"的所有设想。他拥有相当大的像人的头骨和脑子，并已经进化发展了很多我们今天人头骨的特征；但他同时还拥有像猿的下颌，作为他猿类祖先的遗留特征，他的牙齿很奇怪，看起来又似乎像人的。从化石的外观和遗址的详细信息判断，皮尔当人生存的年代大约在 50 万年以前。这比另一个著名的"从猿到人"的化石，也就是在德国发现的尼安德特人要早得多。鉴于当时欧洲的政治对抗，皮尔当人被称颂为已经发现了的最早的从猿到人的"缺失环节"——并且他是个英国人！伦敦自然博物馆也因为参与其中而备感自豪，并通过随后的宣传扩大了自身的影响力。

1953 年，真相终于大白了。许多专家，包括在博物馆对皮尔当残骸进行过氟测年的肯尼斯·奥克利（Kenneth Oakley）和解剖学家、外科医生威尔弗里德·勒·格罗·克拉克爵士（Sir Wilfrid Le Gros Clark），揭露了这个骗局：上面的头骨来自大约 500 年前中世纪的一个人类个体；下面的下颌肯定像猿，事实上它是来自最近死亡的一只猩猩；牙齿则是黑猩猩的，

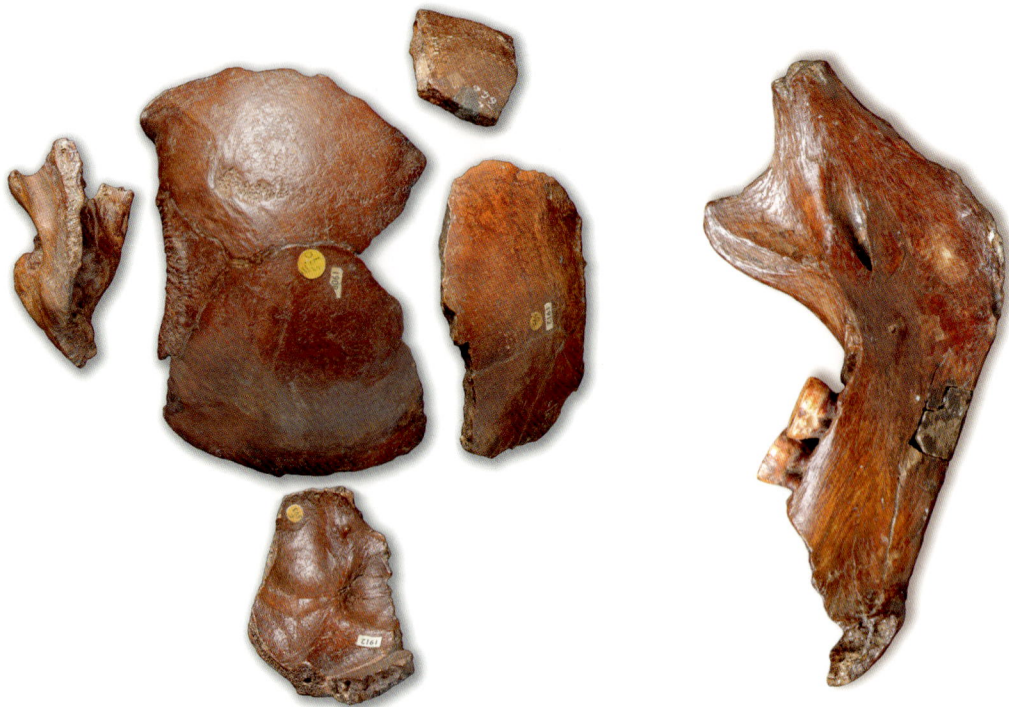

用锉加工后使它们看起来更像是人的。所有这些，作为一个骗局被人故意组合起来，再用化学药品对它们进行染色，以呈现出一种古老的面貌。"最早的英国人"变成了一个笑柄。曾经，在议会召开过一场新闻发布会，大众媒体对此事进行了提问——如此多的专家是怎么被愚弄了40年之久？不可否认的是，在这段时期中有人也曾经产生过怀疑，尤其是1923年德国解剖学家弗兰兹·魏敦瑞（Franz Weidenrich）提出过的质疑。他一下就看出这个头骨的年代相对较近以及其下颌是来自一只猩猩，即使这些鉴定特征已被部分地（蓄意）破坏。但是这些持不同意见的声音都被放到了一边。这个"缺失环节"是属于英国的，他具备人们所期待的特征——大的脑容量和猿的下颌，在这里民族的自豪感起到了主宰的作用。

这些是皮尔当头骨的五个碎块。它们来自生活了几百年前的一个我们自身物种——智人的个体。这个对皮尔当下颌骨或下颚骨的左侧观测显示出它的两个臼齿经过人为的打磨从而使其显得像人的牙齿。皮尔当的材料均被染色，因此呈现出一种古老的面貌。

谁是皮尔当的阴谋制造者？几乎每一个参与的人都曾被怀疑过，有可能是道森、他团队中的某个人、将化石埋进现场的某个神秘到访者、参与研究的博物馆的某个人——或者是这些人的合谋。现在，多数证据指向了道森。一份 2003 年的报告表明，除了皮尔当事件以外，他还策划过 30 余件其他的诈骗和欺诈案，包括一些被认为是罗马时期的文物、一艘史前的船和所谓的石器时代的斧头。

更多的骗局

1999 年，一件来自中国辽宁的"龙鸟"化石因其精美的保存状态和被贴上的又一个"缺失环节"的标签而登上了众人瞩目的新闻头条。它被命名为辽宁古盗鸟（*Archaeoraptor liaoningensis*），年代为距今 1.25 亿年。古生物学家们都争先恐后地要来解释它巨大的科学意义——它说明了特定的恐龙确实进化出了羽毛，接着发展出像翅膀一样的前肢，再接下来具备了飞行的能力从而变成鸟类。但是一次医用型 X 射线 CT 扫描（计算机断层扫描）显示出它是由几件不同的化石标本和其他的一些碎块巧妙拼凑而成的——伪造的事实被戳穿了。虽然由特定的恐龙进化为鸟这个总的前提在后来也得到了广泛认可，但是这些骗局对研究像辽宁那些著名化石产地的古生物学家来说是一种职业危害，因为在这些地区发现的著名标本在公开市场上能换取十分可观的金额——在黑市上也是如此。

皮尔当事件的真相，像上面所描述的那样，为所有的化石专家和其他科学家们上了一堂持续性的教育课。回望过去，对皮尔当人的复原是比较粗陋和笨拙的。也许道森本人——如果真是他的话——希望自己的骗局能够很快被人发现，但是他于几年后去世，并没有留下任何的解释。在当时，有太多杰出的人希望这个发现是真实可靠的。因此，他们放弃了他们在科学上的防备之心，才会使人们被蒙蔽 40 年之久。它给了我们所有人一个提醒，那就是在科学研究前进的过程中必须非常谨慎和小心。

生物无巨细

从巨大的蓝鲸到最小的蠕虫，游客们和科学家们都一致赞同博物馆公共展品和研究馆藏的壮丽辉煌。然而，大多数人从没有看到的却是为了维护作为一个科学组织的领先地位而需要付出的极大的幕后努力。并且，这项工作有着起起落落，也有奇异和特殊之处，甚至还有恶作剧和骗局。

位于旺兹沃思的博物馆的储存室保存了令人难以置信的各种不同的标本。

伦敦自然博物馆有史以来最大的单笔捐赠不是一棵化石树，或者一座鲸鱼的骨架，而是另一个完整的、独立的博物馆。这个博物馆其本身就装满了探险家和冒险家们用了超过 50 年时间从世界各地采集回来的上百万件标本。这就是位于特灵的自然博物馆，其前身为沃尔特·罗斯柴尔德动物学博物馆。它坐落于特灵，赫特福德郡的一个小镇，在伦敦西北大约 50 千米的地方。

除了位于南肯辛顿的主馆区以外，伦敦自然博物馆还有许多距离主馆较远的基地和建筑。在员工之间被简称为"特灵"（Tring）的这个地方，它的故事有可能是最能吸引人的。这次惊人的捐赠发生在 1937 年罗斯柴尔德男爵二世莱昂内尔·沃尔特（Lionel Walter, Second Baron Rothschild）去世以后，这是他本人的要求，同时也得到了他家人的认可。从 1892 年起，特灵的博物馆每天向公众开放，至今如此。伦敦的《泰晤士报》曾于 1892 年称这座博物馆拥有"对不列颠群岛鸟类和动物的近乎完整的收藏，至于对世界上其他地方的生物，博物馆则是选取最有意思的、有时是最稀有物种的样本进行收藏，无论它们是实际上还存在的，还是不久以前或很久以前就已经灭绝了的"。

特灵的开始

沃尔特·罗斯柴尔德（Walter Rothschild, 1868—1937）出生在非常富有的罗斯柴尔德银行世家。他在童年时代就采集收藏各种动物标本，包括蝴蝶和其他昆虫，并宣布他的志趣所在是拥有属于他自己的动物博物馆。10 岁那年，他甚至就在花园的小屋中开办了一间这样的博物馆。不到 20 岁，他就开始饲养诸如袋鼠和食火鸡这样的外国宠物们，用来学习与研究。当他接近工作年龄的时候，家人决定带他涉足他们的家族生意，也就是高级金融业。但是在尝试了几年以后，他的家人发现他的心思并不在此，于是就允许他离开了这个行业。

与此同时，他的父亲罗斯柴尔德勋爵纳撒尼尔（Natha-niel, the Lord

博物馆藏品中的精华包括上百万件动物的浸制
标本（浸泡在酒精或者类似的保存液中），它们
之中的每一件都有着自己的故事等待诉说。

Rothschild），以及其他的家人们都容许沃尔特沉溺在他自己对于自然的热爱之中，并且在 1889 年为他修建了一座博物馆以满足他童年时代的心愿。沃尔特对昆虫和鸟类最感兴趣，但也几乎没有什么是他拒绝的。沃尔特也组织各种到遥远的地方和国外收集标本的考察活动，并为此支付费用。他本人周游了欧洲和北非，在所到之处收集标本。他聘用专业的动植物收藏家，并为他的博物馆雇了工作人员和顾问，包括图书管理员、动物标本剥制师和科学专家们。他的专业负责人，动物学家厄恩斯特·哈特尔特（Ernst Hartert）和昆虫学家卡尔·乔丹（Karl Jordan）都是他们各自领域的领军人物——他们也必须是，因为罗斯柴尔德有着非常高的标准。

位于特灵 1 号馆中的北极熊带着一个莫名其妙的顺服的苦笑，这也许是制作它的维多利亚时代的动物标本剥制师想象出来的。它是插画作者雷蒙德·布里格斯（Raymond Briggs）在他的《熊》（1994）一书中所选用的模特儿，从那时起，它就变成了气候变化的典型象征，因为全球变暖已经威及到了它们在北极的栖息地。

因为害羞和有点古怪，罗斯柴尔德曾与语言障碍进行过斗争。然而，他也有张扬的一面：他曾骑在一只巨龟宠物身上照相（他总共养了 144 只巨龟用于研究），还训练斑马拉马车——有一次，他甚至架着斑马拉的马车沿着皮卡迪利大街一直走到了白金汉宫的前院。他在伦敦自然博物馆也逐渐变得有名，不仅由于他大量且仍在继续增长的收藏，也由于他在科学上的博学多识。1899 年，当他的特灵博物馆与南肯辛顿的自然博物馆在许多领域进行合作时，他被选为伦敦自然博物馆董事会的理事。

特灵的财富

截止到 20 世纪 20 年代，特灵博物馆代表了有史以来最大的私人动物标本收藏。在沃尔特的研究收藏中，有超过 200 万只蝴蝶的标本、50 万件鸟的皮毛和蛋的标本、数万件甲虫和其他昆虫的标本；在对公众开放的博物馆中，有数千件用来陈列展出的标本，包括蟹类、贝类、鱼、蜥蜴、鳄鱼、海龟和其他爬行动物，还有昆虫、鸟和各种各样的哺乳动物——从小型的啮齿动物到大型的犀牛。他的财富和影响力是显而易见的，从超过 230 种不同动物的正式学名都包含有他的名字就可以看出来，这些学名的范围从昆虫中的罗斯柴尔德鸟翼蝶，即黄绿鸟翼凤蝶（*Ornithoptera rothschildi*）一直到哺乳动物中长颈鹿的亚种罗氏长颈鹿（*Giraffa camelopardis rothschildi*）。

1931 年，高昂的债务迫使罗斯柴尔德将他研究收藏中大部分的鸟类皮毛卖给了美国自然博物馆。但他依然决定将他剩余的藏品、手稿、书和在特灵的房产与土地捐赠给伦敦自然博物馆。

从那个时候一直到现在，特灵博物馆对公众开放的展览几乎没有发生变动。当然，它们也绝不可能被忽视，必要的清洗、维护和保养工作一直都在进行。在 2008 年，6 号馆就经过了一次大整修，其中涉及清洁 837 件标本，包括很受欢迎的家犬品种队列，并且改进了在原本落地玻璃柜中的照明和陈列效果。2 号馆主办临展与巡展，每年更换三次。氛围感很强的罗斯柴尔德室则陈列着曾经被沃尔特和他的团队使用过的最初的家具，以及能够说明罗斯柴尔德博物馆历史的标本与照片。

今日的特灵

在这几十年的时间中，特灵博物馆的工作间和研究收藏在幕后经历了变动与重组。在第二次世界大战期间，从伦敦撤出的标本就存放在这里。战后，除了用于公开展览的标本以外，许多非鸟类藏品又被逐渐地迁回到南肯辛顿。多年以来，数千件鸟类标本也通过另一途径进行迁移，那就是从伦敦迁往特灵。

近来，人们整修了特灵自然博物馆的6号馆，并为其配备了新的照明和温湿度控制系统。本展厅的常住居民有两栖动物、爬行动物、不会飞的鸟类、蝙蝠、家犬和许多小哺乳动物，比如野兔。

从 20 世纪 70 年代起，特灵已经成为博物馆的鸟类研究收藏和今天被人们称为"鸟类组"的工作人员的家，因此特灵也被人们愉快地叫作博物馆的"鸟之翼"。今天，在这些幕后的研究收藏中，有一个鸟类学的神奇世界。那里有超过 70 万件鸟儿的皮毛、40 万枚鸟蛋、4000 个鸟窝、16 000 副鸟骨架，以及 17 000 件保存在酒精中的鸟类标本。因此，为了进行学习、比较、对比和分类的工作，全世界的鸟类研究人员都会造访这里。特灵博物馆是一笔国家财富，亦是对个人所达成成就的纪念。此人对自然和野生动物怀有强烈的热爱，并且拥有雄厚的财力。沃尔特·罗斯柴尔德本人有一种古怪的幽默感，他也许会对最近发生在特灵博物馆里的一些事情露出微笑。举一个例子，博物馆最大最受欢迎的展品——象海豹，于 1927 年被放在现在的位置上，之后就再也没有被移动过。因为它实在是太大了，以至于人们不得不把它放在展示柜的顶上，让它凝视着屋顶。在最近一次清洁海豹的过程中，有一张 80 多年来不曾被发现的卡片从动物身体和它所在的岩石中间掉落了出来。上面的信息详细记录了这只海豹是在哪里以及是什么时候被捕捉到的。就这样，"老居民"带来了新的知识。

长象鼻的海豹

抓住一只海豹是一件很了不起的事。特灵博物馆的这件标本有超过 5 米那么长。活着的时候，它的重量超过 4 吨——和一头真正的大象一样重。海豹和海狮都是鳍足类动物，根据名字就知道它们"长着像鳍一样的脚"，但它们全都是哺乳动物中肉食类的成员。人们经常说老虎，或者说熊，比如北极熊或灰熊，是这个类群中最大的动物，但是它们仅代表陆生肉食类。一只象海豹的体重几乎是最大的熊的 5 倍，因此到目前为止，象海豹才是食肉类动物中重量级的冠军。只有雄性象海豹能够长到特灵博物馆的标本那样大，也只有它们有长长软软的鼻子——这鼻子看起来与大象的鼻子很像，它们的俗名就是这样来的。雌性个体所能长到的长度小于 3 米，体重接近 1 吨。这种一个物种内部两性之间明显的大小差异是一种公认的生物学现象，叫作

性双型。这种现象出现在各种生物中，比如大猩猩、鸭子、鲨鱼和蜘蛛。

在企鹅漠不关心的注视下，两只年轻的雄性象海豹在南极洲凯尔盖朗海脊上的赫德岛海滩，身体向上仰成了直角。这种争斗是所有哺乳动物种内（在一个物种内部）冲突中最暴力的。

艰巨的任务

除了繁殖季节，象海豹都生活在广阔的海洋里。它们捕食鱼、乌贼等猎物，并且具有令人印象非常深刻的潜水能力。它们平均的潜水深度可以达到水下 500 米，经常保持 20~30 分钟不露出水面。如此巨大强壮的野兽，对于猎取标本的动物采集者来说，一定是一项巨大的挑战。特灵博物馆的象海豹豹皮和骨架被装进货箱运回英格兰，为了保存，它的皮还被擦上了明矾和硝石。当这只象海豹抵达时，动物标本剥制师也不得不面对技术上的巨大考验。如今，写在那张遗失了很长时间的卡片上的信息已经被复制了下来，加进了标本主要的资料中，但是卡片本身又回到了它已经待了 80 多年的老地方。将标本与解释说明的标签放在一起有助于减少参观者的疑问，后面我们将会讨论如果不这样做所产生的严重后果。

时代的产物

像特灵博物馆那样颇有氛围地呈现真实动物标本的展览如今已经不常见了。他们展出的许多物种现在已经变得非常稀有。其中一些物种，像被称为斑驴的斑马品种和袋狼（或称塔斯马尼亚虎）都已经灭绝了。为什么人们要不厌其烦地出去采集这么多标本，再把它们运回来，然后将它们剥皮、保存和装架，最后将它们一起放进排列整齐的玻璃展示柜中呢？我们现在所生活的时代充满了展示大自然惊险场景的书籍、杂志、电视节目、视频和电影，其范围从难以置信的广阔天空到最微观的细节场景。如果有条件，我们几乎可以在世界上任何地方旅行，用我们自己的眼睛观察野生动物。但是，在罗斯柴尔德建立特灵博物馆的时代，既没有电视也没有视频。彩色摄影还处于起步阶段，黑白摄影同样比较原始，要用很重的设备和很长的曝光时间才能得到一个模糊的影像。到异国他乡的长距离旅行是极少数人的特权。还是在那个年代，动物园和野生动物公园的数量比今天少得多，内容也更有限，并且通常掌握在私人手中。比如，摄政公园里的伦敦动物园最初只打算用于科学研究，直到 1847 年，它才对公众敞开了大门。

即便这样，维多利亚时代的人们还是普遍热衷于教育和拓展自己的视野。于是博物馆就提供了一个绝佳的途径，让绝大多数人都能欣赏到野生动物的奇妙和远道而来的异国动物，当然还有来自自然界的奇怪、特殊和偶尔令人毛骨悚然的产物。任何一个名副其实的自然博物馆都需要有大量的岩石和矿物晶体标本、压制的花儿标本、钉住的昆虫标本，以及里面被填充起来的动物标本。最重要的是，这些保存下来的标本代表了今天仍在扩展中的人类知识宝库和科学资源。

无数的生物

南肯辛顿的自然博物馆本身就是在这样的时代背景下成长起来的，并且这座博物馆的建立离不开标本采集者们的努力和动物标本剥制师们的工作。插画师们所绘制的图画，在廉价的批量彩色印刷和最新的屏幕技术问世之前的很长时间里，是另一个视觉信息的重要来源。今天的大多数人成长于一个具有环境保护意识的时代，我们理解人类对自然世界所造成的破坏，我们也意识到哪些动物和植物是常见的，哪些是稀有的，哪些已濒临灭绝，哪些已经成为过去。事实上，在一些地区，特别是在有价值的森林覆盖区域，自然环境保护已经被实践了好几个世纪。但是，直到 20 世纪 50—60 年代，伴随

维多利亚时代的自然展览变得惊人地复杂。1851 年，约翰·古尔德，最著名的鸟类专家、伦敦动物学会博物馆的管理者和动物标本剥制师，制作了一个蜂鸟标本的展览，用掉了 24 个特制的展箱。

着有关环境问题的出现，比如污染所造成的破坏和来自放射与核技术的危险，环保才作为一项普遍运动在公共大众中兴起。

然而，让我们回到那些早期的日子，当自然博物馆因为保存野生动物刚刚开始受到欢迎，采集者们正在全世界漫游寻找标本的时候，大多数的人几乎不知道保护环境的必要性。很简单，他们没有意识到一些物种正在消失。尤其对欧洲人来说，像非洲、亚洲、南美和澳大利亚这些遥远的地方是黑暗、神秘和无垠的。在当时欧洲人的观念里，自然被认为是无穷无尽的，用几千只动物来剥制标本，怎么会产生危害呢？话虽如此，沃尔特·罗斯柴尔德本人却敏锐地意识到了保护自然环境的必要性。事实上，他租下了印度洋上的整个亚达伯拉岛十年之久，只是为了防止岛上的巨型陆龟种群因人类而灭绝。

艺术、工艺与科学

剥制动物标本是为了保存并装架，让动物们显得栩栩如生并能存放很长的时间。它是艺术、工艺与科学的结合，既要阻止标本腐烂，又希望展示出动物在世时的样子。在一个或两个世纪以前，对普通市民来说，标本是他们唯一近距离观看这些动物的机会。通过标本他们能够了解这些动物的大小和形状，以及身体的特征、颜色和结构。专业的动物标本管理员和动物标本剥制师往往供不应求。

今天，只有用于研究的标本才会在机构内部进行剥制。当需要一件用于展览的标本时，有必要请来一位专业的动物标本剥制师。为了满足需要，人们在选定一件标本时，首先要问的是：它能被保存下来用于展览吗？它是不是已经被破坏或腐烂得太严重了？

剥皮和装架

如果一件动物尸体的条件足够好，可以用于展览，那么它的尸体就要被进行剥皮处理。平时人们在烹饪时也会宰杀动物并且剥皮，任何一个尝试过这种活计的人都知道，在实践中，动物的皮往往从底层以一种相对可预见的方式脱落下来，并且很有希望一脱就是一整块。在这一阶段，我们也许仍能操控被剥了皮的身体，将其摆放成栩栩如生的姿势，然后给它拍照，或者用石膏或黏土塑造出它的形状，甚至直接用它做出一个模具。使用一个中间支撑的铸型或铸模是必须的，这样就能用一种例如泡沫塑料的物质生产出一个身体的模型，就像一个模特儿，然后再在它的外面穿上皮肤。要不然，就是根据参考资料单独制作一个模特儿，这些资料包括照片、电影和艺术作品。

　　与此同时，剥下来的皮肤本身要被彻底清洁并且用防腐的化学药品进行处理，然后将其弄干准备装架。在这个过程中，要保证皮肤的尺寸、羽毛、绒毛或者其他的附属物不会发生变化，并且还有一些解剖学上的细节部位需要特别注意，比如眼睛、爪子、牙齿和角。有些细节部位会与原来的尸身相分离，这时候就要把它们用化学药品处理后弄干，准备将它们重新复位。眼睛是特别重要的部位，因为它能吸引我们的目光。我们可以买现成的玻璃眼睛或塑料眼睛来用，或者用原始材料手工制作出眼睛，再进行抛光和着色。

这只猩猩是由阿尔弗雷德·拉塞尔·华莱士于 19 世纪 50 年代在婆罗洲所收集到的。华莱士是自然选择导致进化理论的共同提出者。有些人认为这只猩猩代表了人类的一种退化的类型。

起死回生

每一件通过剥皮制作的动物标本都是独一无二的，并且随着制作方法的不断进步，新的化学防腐剂和装架材料，还有激光 3D 扫描仪能够让我们得到最佳的展示姿势。剥制动物标本的主要目的是"使动物起死回生"，也就是保持一个可以反映它行为和习惯的姿势。在某种意义上，防止腐烂就是实现这一主要目的的前提。为了达到这一目的，技术高超的动物标本剥制师会非常详细地研究这种动物，尝试了解它们的行为和意图。它是应

在这张拍摄于 1932 年的照片中，博物馆讲解员莫娜·爱德华兹（Mona Edwards，戏剧的是她恰好站在一只角很长的羚羊前方）正在为观众讲解来自印度和马来亚地区的动物标本，其中包括了一只孟加拉虎。在这一时期，电视和长假期都还没有出现，即使是关于野生动物的电影纪录片也才刚刚问世不久。

该保持一种休息的姿势打发时间，还是应该在积极地寻找猎物，又或者是在害怕正在接近的危险？

为了在一个栩栩如生的迷你场景中展示制成的标本，需要各种各样技术的支持，例如制模、铸造、着色、造型、雕刻和喷绘，还需要一些材料的专业知识，从真正的木头和树叶，到混凝纸、石膏、塑料、树脂、橡胶、乳胶和最新的高科技复合材料。在伦敦自然博物馆中，在最新的设备和技术的帮助下，新一代动物标本管理员和剥制师们正在用他们的热情帮助保存和增加用于展览和可以触摸的动物标本类馆藏。

今天，在现代的博物馆里，这种制备标本的方法仅适用于展厅的陈列品。注定要成为研究收藏的材料需要用很多不同的方法进行制备，以确保动物的关键鉴定特征能够得以保留，从而为研究服务。对于这样的标本来说，动物的整个身体都有可能被保存在酒精之中，或者是保留其骨架中的骨骼，又或是制备用于研究的皮本。一些动物尸体可能破损或腐烂得很严重，以致不能用它们来制作剥制的标本或展平的毛皮，但是却有可能提取并保存它们的骨骼或者其他体内较硬的部分。首先，通过大致的解剖将大部分肉从骨头上割下来，接着可以采用多种方法来将骨架清理干净：一种方法是将它浸泡在各种腐蚀性化学试剂中，将软组织完全侵蚀掉只留下完整的骨头；另一种方法是将标本放在盛有食肉甲虫皮蠹（*Dermestes*）的水槽内，幼虫细小的口器会最细致最彻底地挑选并咬下柔软的部分（见第144—147页）。然后，这些骨头就能被排列在一个金属或塑料的框架上，经过鉴定，再贴上标签——它们在博物馆的藏品中就拥有了属于自己的位置。

上校的骗局

如果接下来这件事发生在特灵博物馆的研究收藏中，该博物馆的创建者沃尔特·罗斯柴尔德一定会觉得十分可怕。那就是一系列长期的、严重的关于鸟类的骗局，由"受尊敬的鸟类学家"理查德·迈纳茨哈根上校

（Colonel Richard Meinertzhagen, 1878—1967）在 20 世纪的早期到中期一手打造。和罗斯柴尔德一样，迈纳茨哈根出生于一个富裕的家庭，从孩提时就培养了对野生动物，主要是鸟类的兴趣。但他却被鼓励进入家族银行工作，在那里他很快就发现金融并不适合他。年轻的迈纳茨哈根加入了英国军队，并曾在印度、东非、中东和法国服役。在这一时期，他开发了自己在用枪猎取、设陷阱捕捉、采集和制作动物标本方面的天赋。他也曾训练自己成为一个不错的野生动物艺术家。他说自己只不过"捎带着是个士兵"。

迈纳茨哈根一度是伦敦自然博物馆的常客，尤其是 1925 年他从军队退伍以后，虽然在第二次世界大战期间，他曾回到过军事情报局一小段时间。为了充实退伍后的闲暇时光，他撰写和编辑鸟类方面的著作，接触并研究自然博物馆馆藏的标本，并一跃成为国内最优秀的鸟类学家之一。然而，他的这项工作自一开始就曾引起过怀疑。在 20 世纪 20 年代初，迈纳茨哈根因为未经批准拿走标本而被禁止进入博物馆的鸟类库房 18 个月。在接下来超过 30 年的博物馆记录中，有很多次提到工作人员怀疑他偷盗标本和图书资料。有两次，人们甚至打算起诉他，但最终都不了了之。

1954 年，迈纳茨哈根特别大张旗鼓地将他所收集的 2 万张鸟皮捐赠给伦敦自然博物馆。20 世纪 70 年代初，这些标本与博物馆其余的鸟类研究收藏一起被转移到了特灵。接着，从 20 世纪 80 年代起，科学出版物开始提醒人们注意迈纳茨哈根的材料可能存在缺陷的问题。此后的调查工作揭开了大量明显由迈纳茨哈根所实施的骗局，这些骗局损害了特灵鸟类研究收藏的完整性

这张照片拍摄于理查德·迈纳茨哈根 45 岁时，他散发的气质，既有属于英姿勃发的成功军官的部分，又有属于勇敢的玩世不恭的博物学者和标本采集者的部分。他的鸟类骗局给博物馆的专家们留下了大量拨乱反正的工作需要去完成。

和人们对这些标本何时何地被采集的认知。

问题主要出在标签上。只有标签上标明了采集时间、地点，以及所有相关记录以后，一件标本才真正具有科学的价值。如果标签被弄丢了，或者更糟一些，标签是伪造的，那么混乱就会接踵而至，标本也就丧失了它大部分的科学价值。

资深的博物馆鸟类学家们几年来一直在调查迈纳茨哈根事件。例如，金翅鸟在欧洲是一种常见的小鸟，在特灵的博物馆，有若干件本以为是 20世纪 50 年代在法国所采集到的标本，据说是由迈纳茨哈根制作并且捐赠的。但是通过仔细研究发现，它们有可能是至少两个不同的人的作品。每一个人在剥皮和制作标本时都有其独特的方式，例如喜欢把标本的躯体摆成一定的姿势和使用特殊的支撑材料。这些小的癖好能够被内行人所识别，在金翅鸟的标本中亦是如此。其中，有些标本的头向前，而在其他的标本中头则向后弯曲。有些标本用木棍作为支撑，而其他的则不用。很明显，这些标本不是由同一个人所制备。确实，人们证明了其中的一些金翅鸟标本是理查德·鲍德勒·夏普（Richard Bowdler Sharpe）的作品。这些标本被采集于 19 世纪 80 年代，而非 20 世纪 50 年代，是来自伦敦西部的米德尔塞克斯郡，而非法国的南部。那么这些信息又是如何被得知的呢？原因很简单，因为这些鸟类标本本来就是博物馆自己藏品中的一部分。

骗局暴露

渐渐地，迈纳茨哈根的骗局完全暴露了。他曾经声称属于他的数千件标本其实并非为他所有。他去掉了标本真实的标签，换上了具有虚构的日期、地点和其他信息的新标签，然后再将这些标本作为他对自然博物馆慷慨赠送的一部分。这件事最大的讽刺之处在于，许多标本本身就是他从博物馆里偷来的。追溯博物馆的记录和分类目录，人们查找出这些鸟类最初来自何处。看来，早些时候博物馆对迈纳茨哈根的怀疑，只是这一骗局的冰山一角。

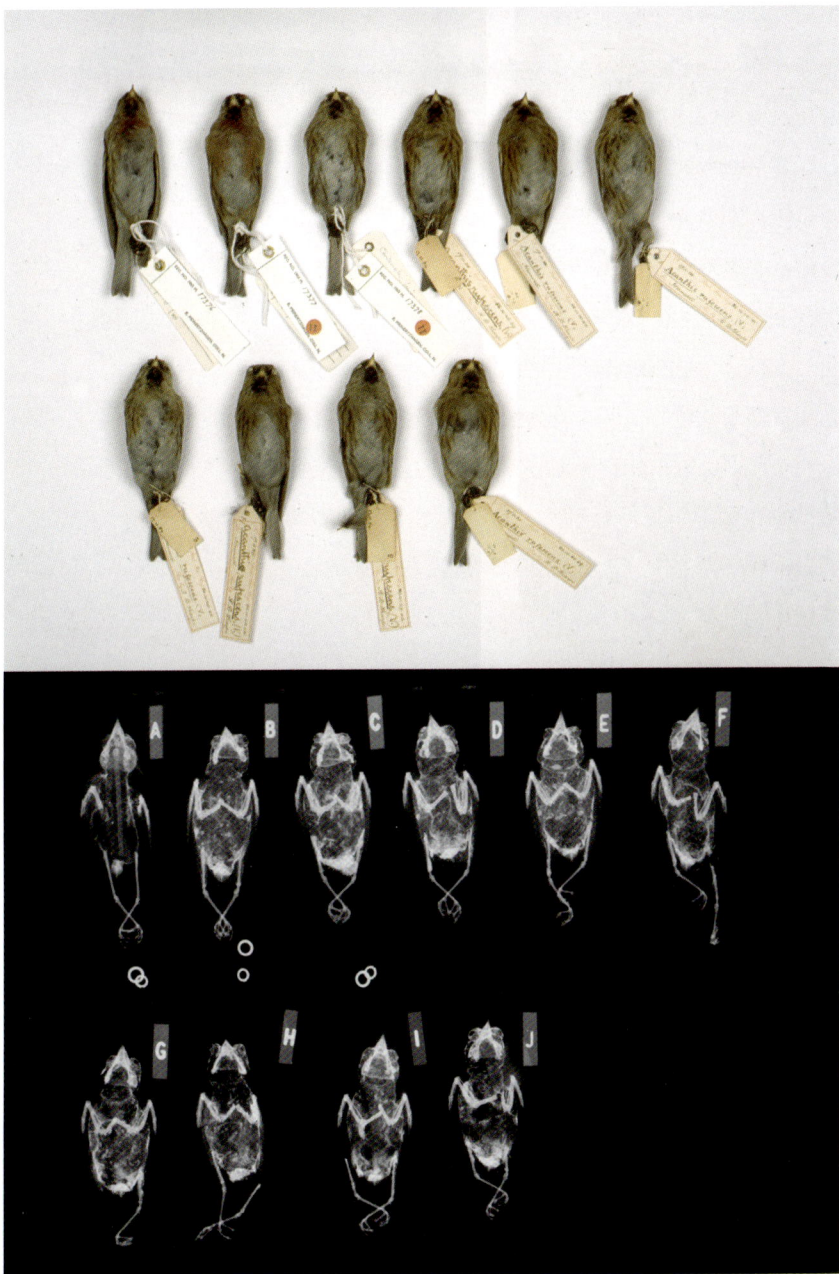

这些常见的金翅鸟——白腰朱顶雀（*Carduelis flammea*）的标本在外行人看来很是相似。迈纳茨哈根声称左上的三件标本是他在 1953 年采集的。然而，在 X 射线的照射下，A 标本与 B、C 标本之间的差异变得更为明显。第一件标本看起来明显不同于其他的两件标本，后两件标本的年代可追溯到 1884 年。

几个例子就能显示出这一骗局的本质。在一张由迈纳茨哈根伪造的标签上，一只格雷的蝗莺——苍眉蝗莺（*Locustella fasciolata*）被鉴定为在西欧发现的三例这种鸟类的标本之一。实际上，这只鸟来自它的原产地东亚，距离西欧超过 1 万千米。迈纳茨哈根还声称在缅甸采集到了稀有的布莱思的翠鸟——斑头大翠鸟（*Alcedo hercules*），距它们的真实产地中国南方的海南也相去甚远。揭穿这一骗局的研究也起到了一些令人惊讶的衍生作用。迈纳茨哈根有一件异常罕见的林鹛标本，他声称是在 1915 年采集于印度的某一地区。当人们发现他是从博物馆偷走了这件标本并为其贴上不实的标签以后，在进一步的调查中，人们真的在印度发现了这种鹛，说明这个物种还没有灭绝。要不是为了求证他的骗局，人们自 19 世纪 80 年代起就再也没有见过这种鸟类了。类似的骗局和它们所衍生出来的产物以这种方式随着调查不断增加。

各种各样的 X 射线和扫描方法，以及最新的法医技术都证明了迈纳茨哈根的鸟皮标签经常没有说出全部事实，或者哪怕是部分事实。调查显示林鹛标本被缝起来的翅膀接合缝里的棉花与另外一位采集人所用的棉花

这个伪造的标签来自一只喜鹊标本，迈纳茨哈根说他在 1925 年采集了这件标本，那时这只喜鹊正在印度与中国西藏交界处的"一只牦牛身上"。事实上，这件标本的真正年代是 19 世纪晚期。

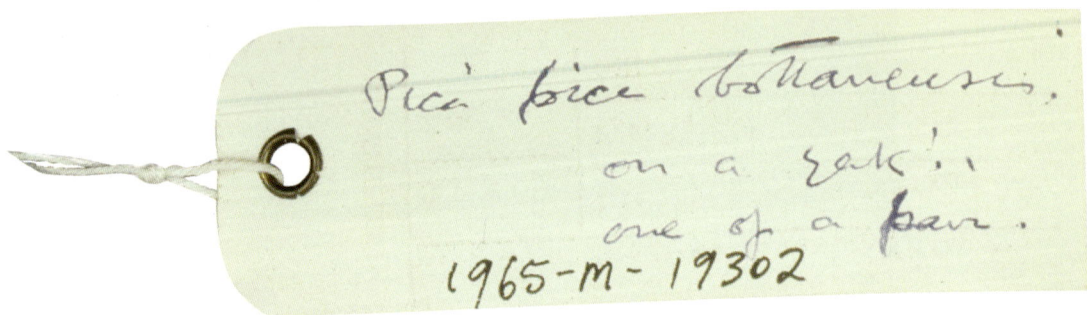

这就是那只林鸮——林斑小鸮（*Athene blewitti*），由迈纳茨哈根"采集"，并于1954年捐赠给了博物馆。实际上，他从博物馆自己的藏品中拿走了它，清洗之后，把它说成是他自己的标本，并附带着一张携带虚假信息的标签。

一致，虽然迈纳茨哈根说这件鸟类标本是他自己的。他甚至捏造了关于他如何用枪或设陷阱捕捉这些鸟儿的笔记。在一件他从博物馆拿走的喜鹊标本上，他在新标签上写下了关于它被捕获的故事："在一只牦牛身上，一对当中的一只。"

据博物馆的专家们估计，可能迈纳茨哈根捐赠的标本中高达三分之一存在欺骗行为。然而，还有三分之二是真品，这就导致了另一个巨大的困难。如果他所有的鸟类标本都是通过不诚实手段获得的并且都被贴上了错误的标签，那样也许比区分出标本的真假要容易得多。为了鉴别伪造的标签、恢复正确的信息、删除迈纳茨哈根录入的信息和把这些标本归回到它们正确的位置上，确实有非常大量的调查工作需要去做。

蛋的重要性

特灵博物馆大量的鸟类蛋壳收藏看上去似乎与现代自然环境保护理念相违背。今天，人们被强烈劝阻不要仅仅为了占有的目的而从筑巢的鸟儿那里收集鸟蛋或者将鸟蛋的蛋黄和蛋清吹出来，只留下蛋壳。事实上，在诸如英国等国家，这样做是违法的。但是博物馆已经存在的蛋壳收藏可供人研究使用，而且这些蛋壳变得越来越重要，其重要的程度远远超过人们的预期。

在20世纪的四五十年代，世界卫生组织启动了一项旨在减少甚至根除热带地区疟疾危害（见第32—33页）的项目。这个项目首要的武器就是被称为DDT的杀虫剂，DDT这个名字来源于它的化学名称：双对氯苯三氯乙烷。最初，这些尝试是成功的。但是自然学者

这些英国和欧洲的游隼（*Falco peregrinus*）蛋是来自特灵自然博物馆的埃德加·钱斯（Edgar Chance）的收藏。对这些鸟蛋和 50 多年所采集的数百只其他鸟蛋的检查显示出一种蛋壳厚度迅速变薄的趋势，这要归因于诸如 DDT 等杀虫剂的使用。

们和其他人很快就注意到，在使用 DDT 喷洒过的地区野生动物们开始遭到伤害，特别是鸟类的繁殖成功率降低了。随着更多信息的出现，怀疑也变得越来越多。

1962 年，美国生物学家兼作家蕾切尔·卡森（Rachel Carson）的著作《寂静的春天》给出了许多证据来说明 DDT 不仅会杀死动植物，甚至会危害人类的健康。它的题目暗示着一个没有鸟鸣也没有蜜蜂和其他昆虫嗡嗡声的春天。经德里克·拉特克利夫（Derek Ratcliffe）的进一步研究，尤其是研究来自钱斯收藏的游隼蛋后，一个事实变得清晰起来——积累的 DDT 影响了许多鸟类物种的繁殖习性。特别是 DDT 导致鸟类所下蛋的蛋壳变薄，这样的蛋更易碎并且在小鸟发育至足以生存之前就会破裂。这一研究需要大量的数据来对比不同时代的蛋壳厚度，包括那些使用 DDT 以前的蛋，特灵的蛋标本就是这些数据的来源之一。这是一个关于如何充分有益地使用博物馆藏品的例子，人们利用它们去发现一些生物演变趋势，而这些趋势又最终可能会影响到我们所有的人。

斯坦利成为万众瞩目的焦点

下面的叙述跟一条鱼的故事有关，并且在未来的若干年，人们也许会利用它来揭示自然界的某种趋势，这条鱼就是明星"斯坦利"（Stanley）。斯坦利是一条被称为"鲟"的鱼，它的身长超过 3 米，体重在 130 千克左右，相当于两个成年人。据说它是在 2004 年被捕捉于威尔士海岸附近。从 14 世纪起，在英国的法律中鲟鱼被视为皇家的鱼，因此必须将其献给执政的君主。斯坦利不是渔业捕捞的目标，而是副渔获物的一部分，副渔获物指在捕捞作为商业目标的物种如鲭鱼、鲱鱼或鳕鱼时，意外或偶然间网住的其他动物。显然，斯坦利被网捕获并被报告给了当地的海岸警卫队。然后，海岸警卫队带着这个消息联系到了白金汉宫。白金汉宫方面回复说，实际上斯坦利不需要献给王室，可以由它的捕获者按照"他们认为合适"的方式将其处置。

鲟鱼在几百万年以前就已经进化出来了，并且从那时起到今天，它们的变化非常小。从这个意义上讲，鲟鱼是最不寻常和最原始的鱼类。在这种生物学语境中，"原始"并不等同于"坏""过时"或"不成功"，它更类似于"早期的"或"很久之前的"。具有原始特征的生物往往能够非常成功地在现代世界里存活，或者说，只要人类让它们活着它们就能够活下来。举例来说，鲨鱼是原始的，因为这一类型的鱼首次出现在距今 4 亿多年以前。其他种类的鱼从那时起开始进化，其中有一些已经变得非常常见并且广布。然而，今天的鲨鱼虽然保有许多原始的特征，但它们依然统治着一定的海洋栖息环境。它们的类群中有世界上最大的鱼——鲸鲨，还有最大的食肉鱼——大白鲨。

斯坦利的家族

斯坦利的家族鲟科（Acipenseridae）包括大约 25 个种，广泛分布于所有北半球的水域。它们缺乏更加现代的一些鱼所具有的较轻的流线型鱼鳞。相反，它们体表的一部分覆盖有被称为鳞甲的骨板，这也是它们原始的特征之一。另一个原始特征是它们的骨架主要由软骨构成，像鲨鱼一样，而不是完全被骨化或者说变成骨头。所有的鲟类都是食肉的鱼类，通常在水底或接近底部的地方以鱼类、贝类或类似的生物为食。有一些鲟类是严格意义上的淡水鱼，其他则主要为海洋性物种，但是它们会迁徙到淡水中进行繁殖（像鲑鱼），这被称为溯河产卵。它们在广阔的大洋中很少见——即使最适于海洋生活的鲟鱼也极少偏离沿海水域。

大多数鲟类为中到大型鱼类，最大的标本体长超过了 5 米，重 1200 丁克，年龄为 100 岁。这样巨大的鲟鱼通常来自欧洲鳇（Huso huso）这个物种，它在英国的本土名有很多，比如巨鲟鱼和鳇鱼。今天，这些巨大的鲟鱼即便还有少数存活在世，也是罕见的。人们为了获得鱼子酱和鱼胶对它们进行了过度的捕捞。鱼子酱是用鱼卵或者说雌性鲟鱼个体未受精的卵制成的，而鱼胶则来自鱼鳔，用来澄清啤酒和葡萄酒。

欧洲鳇是欧洲最大的淡水鱼类。它的体重可达 2 吨，寿命可超过 100 年。它是环保者和偷猎者之间一场持续战斗的主角。

失踪行为

由于过度捕捞，鲟鱼的许多个种已经变得稀有——在英国极其稀有——或者已经从它们自然分布范围的某些区域消失了。因此，人们引入各种各样的野生动物法，来帮助它们恢复种群数量。斯坦利是一件很好的标本，很大并且保存得很完好。但是在英国它仍然属于一种受到保护的物种。捕获它，或者尤其是买卖它算犯罪吗？显然，当地警方听说了它的存在时，斯坦利正要被拍卖给出价最高的餐厅。然后，这条鱼就神秘地失踪了，好像"逃跑"了一样。

斯坦利后来出现在了普利茅斯的鱼市场，但这重新引起了警方的注意，最终它从市场上被挽救了回来。事实上，斯坦利变成了当地广播、电视和新闻报道中的一

斯坦利"到达"了伦敦自然博物馆，图中它的捐赠者康沃尔的鱼商提姆·奥尔索普（Tim Alsop）正握住它的鼻子。照片的拍摄时间是这条鲟鱼被捕捉到一个星期之后，在这段时间里，它被照管得很好。

个明星，连英国广播公司和《每日邮报》都报道了它的窘况。一时出现了很多猜测，关于它从哪里来、要到哪里去，以及它是否合法，甚至还包括了对于它年龄的猜测。最初，人们估计它的年龄达到了 200 岁，但是后来的研究表明它可能更接近 40 岁。

普利茅斯的鱼商最初试图出售斯坦利，多亏了濒危野生动植物种国际贸易公约（CITES）的保护，鱼商最终决定把它送进博物馆。2004 年 6 月初，在众多媒体的关注下，斯坦利抵达了伦敦自然博物馆并被安置在一个冰柜中。

从对斯坦利的几项研究中，人们产生出了更多的困惑。威尔士海岸附近的鲟鱼通常是欧洲鲟或波罗的海鲟（*Acipenser sturio*）。然而，斯坦利不是这一典型物种，它有一些不寻常的特征，甚至使人们接受了鲟鱼不容易区分为明显不同物种的这个事实。一些种类的杂交，以及基因的突变都会偶尔产生出发育不良的个体。对一条欧洲鲟来说，斯坦利的鼻形太钝了，并且它的触须——晶须状的突起物——长在了鼻子的下部，没有长在通常的位置。还有，人们很难说出斯坦利的性别——如果是雌性，那么就会有鱼卵；如果是雄性，那么就会有睾丸——但是它的性器官似乎并不典型。此外，它的肠道内只有几块石头，而不是部分消化了的食物，并且没有肠道寄生虫——对一条如此巨大、成熟、长寿的鱼来说，这是极不寻常的情况。这些没有彻底查清的问题仿佛在提示我们，斯坦利根本不是来自威尔士的水域。它是否是一个不同的物种，从某种其他的渠道进入了英国？或者它是一个以前完全没有被描述过的物种？再或者是某种杂交的产物？

最后，博物馆的科学家们通过研究它的 DNA 得到了关于斯坦利身份的答案。研究证明它是美洲鲟（*Acipenser oxyrinchus*），只产于北美的大西洋中。这个物种的成年个体与大西洋鲟（*Acipenser sturio*）非常难以区分。现在的问题是，北美的这个物种是不是从来都生活在这附近，只是混在大西洋鲟中没有被发现？我们需要核对更多博物馆标本的 DNA 来找出这个答案。至于试图出售"斯坦利"的合法性，美洲鲟在英国不受保护，因此没有什么可以追究的。

时代的巨兽

像斯坦利一样，任何体型巨大的物种都能在科学界和公众间引起巨大的兴趣。伦敦自然博物馆有一件最为人所误解的大型骨架，它属于美洲大地懒（*Megatherium americanum*）这个物种，其拉丁名的含义是来自美洲的大野兽。它更为常见的名字是大懒兽。这个物种的体重高达 5 吨，跟巨大的非洲象一样重。它们曾经生活在美洲的中部和南部，其生存时代可能从距今 500 万年以前一直延续到大约 1 万年以前。有许多游客错把这头大懒兽当成了一只恐龙，前者属于哺乳动物，而后者则是爬行动物。

大地懒属（*Megatherium*）的化石，早就已经为人所知，并且被博物学家描述过了。200 多年以前，大地懒被人复原为用四足站立的姿势，样子有点像一张大的咖啡桌。后来，科学家们推断这种动物或许能以袋鼠式的姿势坐直。一些人甚至提出，它可以用两条腿站起来并且奔跑速度很快。

博物馆的这件大地懒标本，是根据 19 世纪 40 年代所获得的一具产自阿根廷的化石骨架，用石膏浇筑出来的模型。当时，欧洲的好几家博物馆都非常希望得到这个巨大的植食性动物的遗骸。活着的时候，它是一个安静的植食者，靠咀嚼树叶和其他的植物体为生。至于科学家们所说的运动形式，即它是如何走动的，最近的工作表明它能够用全部的四条腿慢慢地行走，也能够用它的后腿站立起来，就像被足迹化石所证明的那样，达到 6 米的高度。它的脚尤其与众不同，是靠外侧面着地行走的，这是因为它的大爪子会妨碍到其平坦的步态。以这样一种直立的姿势，再用强壮的尾巴作为其后部的支撑，大地懒能够伸展出它巨大的前爪够到和拉近树叶，再用它长长的、强壮的舌头将树叶剥落下来。

从对牙齿的细微结构研究得出的另一种观点认为，大地懒可能是一种食腐动物。这个观点可能是考虑了它庞大的身体、强大的力量和长长的爪子。它的爪子能用来击退像剑齿虎那样的捕食者而不会被其杀害。接着，大地懒就能尽情地享用剩下的残骸了。

大懒兽的消失恰好与许多其他大型动物的灭绝事件同时发生，特别是在北方地区，例如猛犸象、巨鹿等。导致其灭绝的原因可能包括气候的变化，以及人类的扩张。

（左页图）

巨型地懒是最大的地懒，可以长到 6 米长。它也许曾用它巨大的爪子拔起植物的块茎和植物其他的地下部分，并且还曾勾住高处的嫩枝送到自己的嘴边。

伦敦自然博物馆的大懒兽骨架被复原成一种可能的吃树叶的姿势。它几乎靠它的后脚站直了，前肢则靠在一棵树的树干上，尾巴为其提供后部的支撑。

又来了一个大家伙

斯坦利和大懒兽已经大到令陈列工作难以顺利开展。又有一个比它们更晚到达博物馆的大家伙出现了，那就是一条更大的巨型鱿鱼（giant squid）。2004 年，这个大家伙在大西洋的福克兰群岛附近被人捕捉到，测量其长度竟有 8.6 米。科学上称这一物种为大王乌贼（*Architeuthis dux*）。很自然地，人们给它起了个绰号叫作"阿奇"（Archie）。

尽管人们有好几次抓住这种巨大的乌贼——不管是有意捕获的还是意外捉到的——这些栖息在深海地区的动物对我们来说依然是一个谜。直到 2004 年，人们才最终在野外条件下拍摄到了一条像阿奇这样的巨型鱿鱼。据说，目击者观察其长度超过了 18 米，这一消息也被广泛地进行了报道，但是在科学上，还从未有过如此巨大动物的记录。如此大的尺寸几乎可以肯定是属于过度夸张或者死亡后组织延长的结果。最近的研究表明，可能有一种更大的乌贼，俗名为"巨大的鱿鱼"（colossal squid），学名是巨枪乌贼（*Mesonychoteuthis hamiltoni*）。它也许不像修长的巨型鱿鱼那么长，但是它的块头更大，身体也更重。

深海怪兽

如此巨大的鱿鱼在所有无脊椎动物中是最大的。它们有足球大小的眼睛，八条臂上排列着齿状或钩状的吸盘，还有两条超长的触手用来捕捉猎物。它们捕食各种各样的食物，包括鱼和其他乌贼，先用强有力的触手抓住猎物，然后把它们拉进触手环中部鹦鹉一样的口中。而这些怪物们自己也是这个星球上野生动物之间最大规模战争的参战者，因为它们要争取逃脱最大的捕食者——抹香鲸的注意。

阿奇在被捉到时还活着，并且几乎是完整的。接着，它被迅速冷冻起来。之后，福克兰群岛政府把它捐赠给了伦敦自然博物馆。再后来，这件标本被小心地解冻，这个过程花费了三天的时间。然后，人们将其转移到

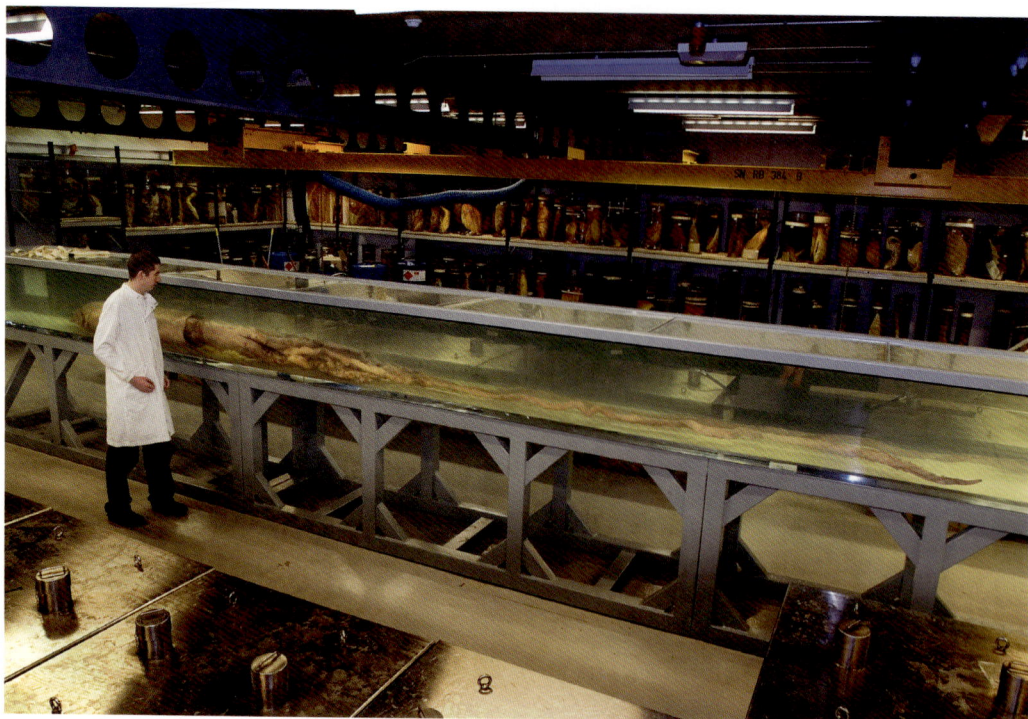

一个临时用橡胶衬里的容器中，用盐水和福尔马林固定剂为它洗了个澡。在经过进一步的防腐处理以后，阿奇最终被转移到为它特别定制的缸中。这个特别的缸长9米，用透明的塑胶制成。现在，参观者几乎可以从任何角度用肉眼观看阿奇，想象着它在寒冷的南大西洋的黑暗之处曾有过的事迹，并且好奇在深海究竟还有多少其他的巨大生物正等着我们人类去发现。

巨型鱿鱼阿奇现在安静、伸展地躺在为它所定制的缸中。它是活着被捉到的，并且几乎是完整的，这些使它成了一件对于研究来说非常重要的标本——要知道，这样的乌贼可不是每天都能抓到的。

最大的生物

猛犸象、大懒兽和巨型鱿鱼就够令人震撼了，但是伦敦自然博物馆还有一件最令人生畏的动物展品，它展

自 1938 年起，这头蓝鲸就一直令游客们为之惊叹。在它的下方有一个活板门通向空中的内部，但是现在已经被封上了。在现实生活中，当蓝鲸进食时，它的喉槽或者说腹褶能够允许其皮肤膨胀。

现了有史以来地球上曾经生活过的最大生物——蓝鲸（ *Balaenoptera musculus* ）。以前的捕鲸记录中有超过 30 米长和 150 吨重的鲸鱼个体的记载，没有任何恐龙、上龙或者其他已经发现的史前生物可以与之相比。进入特别为容纳蓝鲸模型而建造的鲸鱼厅，游客们都被眼前注视到的景象惊掉了下巴。一时间，许多人都不说话了，因为他们此时都想试着搞清楚这头蓝鲸到底有多大。

博物馆的蓝鲸模型作为一件展品构思于 1936 年，它既有视觉冲击的展示效果，又能用于教学使用。这是一项巨大的任务，需要许多人力和物力的支持。在研究了大量的照片、艺术作品和科学报告以后，模型制作团队使用一件 2.29 米长的成比例缩小的模型作为参考，开始了建造工作。人们建造这座蓝鲸模型花费了超过 20 个月的时间，就在新建的展厅里原地建造，并将其从展厅的天花板悬挂下来。首先，工作人员做成一个木制的框架，然后用金属网将其覆盖。最后一层为塑模石膏，由专业人员熟练地雕刻出其上的每一个小细节。

这一模型长 28.3 米，重量大概有 10 吨，比实物要轻差不多 90 吨。当制作者们在这个被挂起来的模型上工作时，因为偶尔会摆动，人们不得不用障碍物将其固定，这样制作团队的成员们才不会有晕船的感觉。1938年12月，这座蓝鲸模型正式向公众亮相。最初的反响与今天一样——它激起了人们的敬畏之心，亦令人感到震撼。

到地表来

虽然蓝鲸模型体积庞大，让人印象非常深刻，但在

蓝鲸模型是由一排巨型木质环圈构成其基本形状，这些环圈就像骨骼中包围一切的肋骨一样。在第一行右边的图中，施工团队正在蓝鲸模型前摆好造型拍照留念，这时候蓝鲸模型已经用被称为纵梁的纵向木材包围了起来。接着，画家们开始工作，刷上鲸鱼的白色石膏皮。蓝鲸的蓝更多是蓝灰色，而非天蓝色，腹面的颜色要浅一些，甚至有点发黄，那是由于长有微小植物硅藻。

一个有关体形的问题

　　最近一些年里，将博物馆里的蓝鲸与畅游在大洋中的活鲸鱼进行对比已经变为可能。这种可能的出现得益于空中和水下拍摄技术的发展，通过这些技术可以捕捉到海洋中庞然大物们游泳、进食、迁徙，甚至令人震撼的求爱的镜头。现在，有一个问题经常被人们问到，就是与外边大海里细长、流线型的蓝鲸们相比，博物馆里的蓝鲸模型在下部和腹部周围是不是稍微有点太胖了？答案是博物馆的蓝鲸被描绘成正在进食的样子，这时它喉咙里吞进来的大量的水还未被排出；一旦排出水后，水中诸如磷虾的小食物就会被留下来。这个答案足够合理。蓝鲸取食主要靠从它上颚垂下来的两排分别位于左右的大约 300 个梳状鲸须板。海水被吞入后，它的嘴几乎处于关闭状态，鲸须则起到了滤器或滤网的作用，在水离开嘴里的时候把食物过滤保留下来。

　　事实上，在建造模型的那个时代，人们还不清楚蓝鲸在不取食时的正常体形。大部分的视觉参考资料来自被拖上捕鲸船或搁浅在沙滩上的蓝鲸个体的照片。在这些情况下，躯体往往下垂扁平，使喉咙和腹部隆起。但是，用正在进食的这个说法来解释博物馆模型的体形问题是行得通的。

在海德公园举办的伦敦自然博物馆2009年度蠕虫引诱活动标志着英国蚯蚓学会的成立。

伦敦自然博物馆还有许多体积微小的标本。标本的重要程度与其体积大小无关。在这些微小的标本和模型中，有一些是在所有生物中最为常见，也是最不为人所注意的，那就是蚯蚓。这些挖洞者对我们土壤的健康来说至关重要，它们在土里制造出细小的管道，而这些管道能够允许空气的渗透和水分的流入与流出。调查这些蠕虫并采集、鉴定其种类能够帮助我们了解现代问题如污染、酸雨、重型车辆的压实作用和集约化耕作等如何影响了英国及全世界的土壤。

因此，比起引诱蠕虫自己现身，难道还有更好的办法来帮助我们找出脚下的蠕虫吗？为了这个目的，博物馆的科学家们组织了这项看似奇怪的活动来启动英国蚯蚓协会。人们知道各种各样怪异又有效的引诱蠕虫的办法——热衷收集蠕虫作诱饵的钓鱼者们就是这一方面的行家。

调查结果

在海德公园举办的引诱蠕虫现身的活动以科学的方式对比了引诱蠕虫的不同方法，以及使用每种方法成功吸引到的蠕虫种类。规则是：每一位诱虫者对应 10 平方米土地，他们必须在此范围内将土壤中的蠕虫吸引出来。活动中也设有不安排诱虫者们进行工作的对照地块，要看看蠕虫是不是自己就能出来，不管让它出来的原因是什么。在设定的 20 分钟之内，每一位诱虫者只能使用几种诱虫方法之中的一种：他们可能只是简单用脚踩踏地面，频率或快或慢；他们也可以将耙子的一半戳进土里，然后来回摇晃使其震动；他们还可以在地上竖起一根木桩，在其顶部摩擦另一个工具（此方法被称为"咕噜法"）；他们甚至可以尝试使用一些乐器或者用喷壶浇点水。这些各种各样的方法据说是在模仿下雨、

英国蚯蚓学会由露天实验室计划为其提供资金支持，给予人们更多的机会去了解蠕虫并参与到研究工作中。英国有超过 25 种这些必不可少的大自然的"园丁"。

一只正在接近的鼹鼠和其他能够刺激蠕虫的情况。根据出现蠕虫的数量和类型，博物馆的科学家们就能汇总出指导方针，提供给参加这项国内调查的诱虫者们，来确保实验结果的连续性和可重复性。当然，这些蠕虫总是又被放回到土壤当中。

参加到激烈竞争中的蠕虫引诱者们是一群有奉献精神的人。除了从活动中获得的乐趣以外，他们的结果同样具有科学上的价值，能够为一项最终覆盖整个英国的蚯蚓调查积累数据。当然，挖洞依然是采集蚯蚓样品最好的办法，因为人们引诱而来的蠕虫似乎在类型上存在着固有的偏差。

血吸虫病

博物馆的研究人员正在调查着的还有一种与众不同的蠕虫状生物，它就是寄生虫血吸虫（*Schistosoma*）。感染这种蠕虫会导致可怕的慢性热带疾病，人们称之为血吸虫病。该病的死亡率较低，但是这种病确实会通过损害内部器官而肆虐。不像备受关注的疟疾和艾滋病，血吸虫病慢慢被人遗忘，但在世界范围内这种病影响了超过 2 亿的人口，特别是撒哈拉以南非洲的儿童，这种病并不难治，只要确保有合适的药物就行。

血吸虫的生命周期复杂，它是一个将人类、寄生虫和蜗牛联系起来的进化史上的奇迹。无论雌性血吸虫还是雄性血吸虫，未成熟的个体都可以通过皮肤进入人体，进而进入肺部，接着是肝脏，在那里它们进一步发育成熟并且开始繁殖。根据血吸虫的种类不同，这些寄生虫的卵或通过尿液或通过粪便被排到体外。在水中，

这张是导致血吸虫病的一种扁形虫——血吸虫的图片，是使用扫描电子显微镜（见第 132页）制成的。前端开口所在的地方是取食的口吸盘，在它的后面是两个带蒂的吸盘。

血吸虫病尤其对生活在撒哈拉以南非洲的儿童造成影响。它会对人体内脏器官造成巨大损害，但是，如果有合适的药物，治疗是相对简单的。

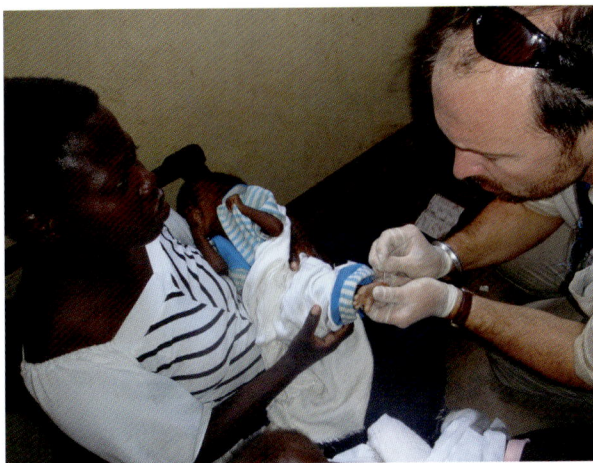

这些卵孵化进入它们微小的早期阶段，即成为幼虫，然后才能进入它们复杂生命周期中的第二个宿主——几种淡水型蜗牛。在这里，幼虫会经历最初的一系列变化，然后再从蜗牛中摆脱出来。再接下来，在人们每天用水的时候，它们游在水中寻找可以去感染的目标。因此，蜗牛和人都是这种寄生虫一个单独的生命周期当中的宿主。

在乌干达，博物馆的科学家们正在与当地卫生部门合作进行一项激动人心的长期项目，以求更多地了解血吸虫和人们染上这些寄生虫的原因。科学家们尤其关心非常幼小的孩子是如何感染血吸虫病的，他们也在试图确定药物治疗对孩子的健康和疾病的控制所带来的影响。现在，博物馆的工作人员已经能够说明这些小孩子如何通过他们母亲的行为而受到感染，原因就是这些母亲用刚刚从湖里或河里打上来的水给她们的孩子洗澡。这个项目只是伦敦自然博物馆众多项目当中的一个，这些项目的宗旨就是要更好地改变人们的生活，并给那些生活在贫困社区中的人们一个更加幸福的未来。

昆虫的力量

我们与数不清的昆虫一起共享这个世界。它们诉说着大自然伟大而成功的故事。在陆地生境中，任何地方都有它们的踪迹。它们在人类、动物和植物中传播散布一些世界上最严重的疾病，还毁坏我们高达四分之一的农作物。难怪在伦敦自然博物馆里有这么多的昆虫，并且昆虫专家们总是这么忙。

这是伦敦自然博物馆大量象鼻虫收藏之中的一盒。象鼻虫以它们长长的鼻子或嘴为特征，已经被描述过的象鼻虫种类超过了65 000 种。

在动物世界中，昆虫的领域既是最小的，同时也是最大的——在所有动物中，昆虫是最微小的动物，但是它们的数量却令人难以置信。无论你怎么算，结果还是昆虫们说了算。据非常粗略的统计，在科学文献中有 150 万至 200 万个被正式鉴定、命名和描述过的动物物种，其中超过四分之三是昆虫。它们的数量还在不断增加，因为每天都有更多标本被采集来用于研究、展览和保存。这些昆虫不仅来自遥远的热带雨林，或是高山冰川之下的奇特生存环境，它们还来自像温带森林、草原、排水沟和污水管道这些我们所熟悉的地方，那里的稀有品种简直从来没有被注意到过。在数百年以后，如果有可能的话，当昆虫的清查工作完成时，昆虫的物种数也许会扩展到 1000 万，或者更多。

约瑟夫·班克斯的大量收藏被纳入了伦敦自然博物馆的馆藏中。他收藏的昆虫标本包括蝴蝶和飞蛾，是最早几套被批量科学编组的昆虫藏品之一。这种编组并不是按吸引眼球的能力对它们进行分组，虽然此种分组在当时是更为常见的。

伦敦自然博物馆保存有超过 2500 万件的昆虫标本。如果你只花 1 分钟时间来看一件标本，要把它们全部看完，需要超过 50 年的时间。这里有世界上最大最全面的昆虫收藏，也是昆虫知识的主要存储库。这些知识不仅以具体实物标本的形式存在，同时也以出版物、插图、照片和一些比较抽象的方式得以呈现，就好比 DNA 的数据库里既有基因材料也有对哪些种类生活在什么地方的记录。

什么是昆虫？

什么是昆虫？这看起来似乎是一个简单的问题。但是，许多人并不清楚昆虫是如何被定义的，以及科学上定义的昆虫与口语中所说的昆虫有什么样的区别。对一只昆虫的基本描述是：一个很小的无脊椎动物，具有被称为外骨骼的主要由几丁质所构成的坚硬外层壳体；身体由三部分组成，分别是头部（有一对眼睛和一对触角或触须）、中间的胸部（长着腿，可能还有翅膀）和腹部（包含内脏和生殖器官）；并且有三对分节的腿。

但是，我们需要做一些澄清。作为昆虫，苍蝇不过是太出名罢了，并且它们有三对腿这也是事实。它们是从蠕动的蛆发育生长而来，但是蛆却根本没有腿。定义中"腿"的部分主要适用于成年的或者完全性成熟的昆虫，而不适用于生命周期中被称为幼虫的早期阶段。然而，一些蚤蝇科的成年雌性个体也没有腿。它们失去了它们的腿和翅膀才能模仿蚂蚁的幼虫，因为它们生活在马来西亚的牧蚁中间并且寄生在它们的身上。对于昆虫的总定义，现实中有许多类似的与之不能完全符合的特殊情况。对于典型的昆虫米说，社会性昆虫就是其中的例外。别忘了，昆虫只能以这样数量众多而又多姿多态的群体方式来生活。

什么不是昆虫？

对一般公众来说，有些其他无脊椎动物，例如蜘蛛、蝎子、螨虫和蜱虫，也常常被视为昆虫。但这些动物实际上并不是昆虫，它们与其他的一些动物同属蛛形纲这一动物类群。它们有八条腿，身体由两部分组成，还有一对被称为须肢的附肢，并且没有翅膀。但是也有例外—— 一些蛛形类的第一对腿不是用来行走的：它们进化成了"触须"，用以接触它们所走过的地面，并感知震动和气流，以及检测环境中的化学物质。这些触须更像是我们在一只典型的昆虫头上所看到的一对单独的触角或触须，因此被称为触角形的腿。这就是为什么博物馆和其他地方的生物学家们经常谈论"肢"或"附肢"而不是"腿"，因为后者有用于行走和奔跑的意思。

再说说有更多条腿的其他爬虫——蜈蚣和马陆。这些也不是昆虫。它们都有一个长长的分成许多节的身体。马陆的每一体节上长有两对腿，而蜈蚣的每一个体节上只有一对腿。蜈蚣又叫"百足虫"，虽然名字那么叫，也有一些种类的腿高达 181 对，但大多数蜈蚣的腿不超过 50 对，这个类群在科学上被称为唇足纲（Chilopoda）。倍足纲（Diplopoda）则是指各种马陆（又称千足虫，其英文名的意思为 1000 只脚），其中许多种类的腿少于 100 对，然而也确有很少几种马陆的腿超过 375 对。

专注的工作

以上的所有类群都属于节肢动物门（Arthropoda），意思是分节的腿，而门是比纲更高一级的分类单元。腿只在特定的关节处弯曲，而不是像触手一样可以随意弯曲。其他的节肢动物还包括在海洋中占据首要地位的甲

经常与昆虫混淆的是其他长着许多条腿的爬虫，例如非洲巨型黑马陆，拉丁学名为 *Archispirostreptus gigas*。它能够长到 30 厘米长，原产于亚热带和热带的西非地区。

壳纲（Crustacea）——螃蟹、龙虾、小虾、对虾、鳌虾、磷虾、藤壶、水蚤和不同寻常的生活于陆地上的潮虫。关于所有这些爬虫们的详细描述已经填满了数千本书的内容，而这些知识在许多领域都是至关重要的。举例来说，它们被广泛地用于抗击由节肢动物传染的疾病，治疗被有毒的节肢动物咬伤和蜇伤，以及食物消费等其他方面。正是由于古往今来的博物学家和生物学家们耐心而又专注的研究工作，这些知识才会被人了解和使用。这当中当然包括伦敦自然博物馆里的那些博物学家和生物学家。在那里，每周都会有新的物种被添加到标本收藏和分类目录中。

命名新物种

昆虫或其他生物的每一种新类型的确立都必须通过非常详细的研究，并且与已经存在的相似种类进行对比，看它是否可能属于其中的一种，然后才能成为一篇报告或论文的主题，并给出理由证明为什么对科学来说它是一个新的物种。

当然，为这个新物种取一个正式的名称也是一种挑战。这个过程会在博物馆的工作人员之间激起大量的讨论，当然，并不是所有的讨论都是非常严肃的。有时，名字来源于这个生物被发现的地方。这个范围可能会从一个小镇到一整块大陆，或是一种特殊的土壤、岩石或栖息地类型。举例来说，我们由 4 亿年前形成的化石得知，最早的像昆虫一样的生物中有一种跟我们称为跳虫的动物有关，它就是莱尼虫（*Rhyniella*）。它是人们根据苏格兰阿伯丁郡的莱尼村和当地富含化石的岩石类型莱尼埃燧石层命名的。被称为南极比利时蚊（*Belgica antarctica*）的昆虫生活在南极洲。它是一种不会飞的蠓，是苍蝇的一类。尽管它小到足以躺在你的指甲上，但它却是那块冰冻的大陆上最多的陆生动物。

人名也是正式物种名的另一个来源。也许名字就来自找到这件标本的那个人，也可以是发现新物种标本的探险队的赞助者（就像之前对位于特灵的自然博物馆的创建者沃尔特·罗斯柴尔德的描述），也可能是一位当地

这只学名为 *Parahelops darwinii* 的甲虫是 1835 年查尔斯·达尔文停留在智利的瓦尔帕莱索期间采集的。至关重要的标签指定了火地岛，那时候这里被认为是位于南美洲南端的一片荒凉、被遗弃的土地。

的知名人士或者一位能够代表国家形象的人，特别是从生命科学的角度。学名为 *Parahelops darwinii* 的甲虫就是查尔斯·达尔文在搭乘皇家海军舰艇"贝格尔号"航行的途中到达智利时所采集到的。还有加拉帕戈斯群岛上的达尔文木蜂（*Xylocopa darwinii*）、达尔文瘿果盘菌（*Cyttaria darwinii*）、达尔文蛙（*Rhinoderma darwinii*）、长得像狐猴一样的化石灵长类达尔文猴（*Darwinus*）或者说"艾达"（见第 41—44 页）和许多其他的为了纪念伟大的博物学家们而命名的物种。

一个名字的灵感还可以是一位通俗歌星、演员、政治家，或者甚至是一位总统。在数量巨大、多种多样的昆虫纲（Insecta）里，种类最多的子类群是甲虫和象鼻虫，它们被统称为鞘翅目（Coleoptera）。有超过 35 万种属于鞘翅目的昆虫，几乎占到所有被描述过的物种的四分之一。最近，在伦敦自然博物馆中，有一组吃黏菌的甲虫被鉴定出来。从科学的意义上讲，它们全都是新物种。有超过 60 个种需要被命名——是时候来点创造性思维了。

"我是总统"

忙于研究这些甲虫的昆虫学家凯利·米勒（Kelly Miller）和昆廷·惠勒（Quentin Wheeler）之前曾经在美国的康奈尔大学工作过。所以，体现一些美国元素或许比较合适。*Agathidium bushi*、*A. rumsfeldi* 和 *A. cheneyi*[1] 三个名字怎么样？大多数读者可能对美国前总统乔治·布什（George Bush）、他的副总统迪克·切尼（Dick Cheney）和他的国防部长唐纳德·拉姆斯菲尔德（Donald Rumsfeld）的名字都比较熟悉。一天傍晚，昆廷·惠勒正在他的办公室，这时候电话铃响了。从电话那一头传过来一个声音说："我是美国总统。"哦，我的天，这个人会怎么想？用他的名字来命名一只吃黏菌的甲虫？这个声音继续说道："若能以甲虫的名字名垂千古，我的同事和我都将会很荣幸。"当然，昆虫学家们并没有冒犯的意思。对于那些喜欢《星球大战》的人来说，他们可能会注意到甲虫中还有一个种名为 *A. vaderi*，因其又宽又亮像头盔一样的头而得名。

在这场命名的游戏中，人们还有很长的一段路要走。科学家们相信，可能还有 500 万、700 万或者甚至 1000 万的昆虫类型等着人类去描述并冠之以正式的名称。

公共用地上的生命

所有这些昆虫的新种和其他生物体是来自哪里呢？

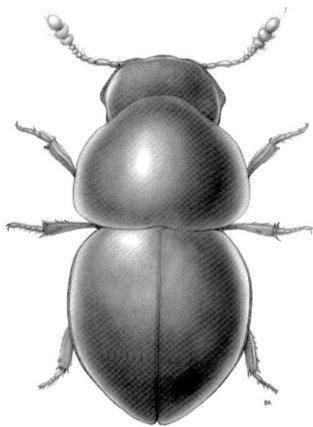

以《星球大战》中的恶人达斯·维德（Darth Vader）的头盔命名甲虫 *Agathidium vaderi* 那又宽又黑的头为其种名的诞生激发了灵感。这一类群的甲虫们以黏菌为食，黏菌是一种十分奇特的微生物，介于动物和真菌之间。

1　三个种名分别以布什、拉姆斯菲尔德、切尼的名字命名。——译者注

其中有许多是勇敢的博物馆工作人员和其他标本采集者到达某些很遥远的地方考察时所采集到的。但是其他的标本都是在离博物馆很近的地方找到的。在伦敦自然博物馆保存英国昆虫的许多抽屉的标签上，标本地点都是"萨里郡布克汉姆公共用地"。这些安静的有着混合栖息地的公共用地就位于伦敦外环（英国M25）高速公路以外，里面包括有英国栎和其他树木的森林、灌木林、草地、潮湿的草甸，以及12个不同的池塘和小湖泊，其中大部分是公众可以访问的区域。它的三个组成部分：大布克汉姆公共用地、小布克汉姆公共用地和班克斯公共用地，共占地160公顷，为英国国民信托组织所有。1961年，这三块公共用地被宣布为"具有特殊科学价值的地点"，英文缩写为SSSI。官方批准的标本采集工作已经在那里进行了一个多世纪。博物馆有数千件来自这个地点的昆虫和其他标本，使得布克汉姆公共用地成为英国科学界调查最深入、调查时间最久的地点之一。

在到目前为止的记录中，布克汉姆公共用地是一个理想的地方，用来研究诸如污染、区域性灭绝和全球变暖与气候变化这样的问题对野生动物所造成的影响。这里的物种清单包括了2000多种昆虫，其中有1000多种蝇、1500多种甲虫和300多种蝴蝶与飞蛾。令人惊讶的是，仍然有新的物种正在被发现——不一定是科学上的新物种，也可能是之前在布克汉姆不为人所知的物种。它们是否一直就在这里直到现在才被抓获，还是因为环境变化新近从其他地方迁移过来？这些问题是迷人的野生动物拼图的又一块组成部分。

在树冠上

在过去的几十年中，布克汉姆公共用地的许多部分都已经被详细调查过，并且这样的调查可能已经进行了好几次。伦敦自然历史协会的爱好者们对这里的关注已经超过50年，同样的还有伦敦自然博物馆和其他地方的工作人员。但是有一个区域迄今为止都避开了人们细致的关注，它就是树冠，由位于林地最顶部的嫩枝、花朵、树叶和果实所组成的绿色植物层。

当小鸟们叽叽喳喳鸣叫，蝴蝶们翩翩飞舞时，布克汉姆公共用地正享受着夏末安静的阳光。随后，一场入侵开始了……博物馆的专家们，穿着最新款式的防护服，开始了他们的树木喷雾过程。喷雾器头进入树冠，瞄准……被击晕的昆虫和其他虫子一起掉进正等待接收它们的漏斗并滑进保存液里，这些漏斗吊在树冠下人们精心搭设的网格线上。

对热带雨林的树冠所进行的考察显示，那里存在着高度的生物多样性，但是英格兰南部地区的栎树林的树冠相对来说还不那么为人所知。在布克汉姆，许多树冠都属于同一种树，那就是英国栎（Quercus robur）。这种著名的树为生活在它上面的成百上千种动物提供了最丰富多样的栖息环境，几乎没有其他任何地方能够与之相提并论。同时，还有数千种动物在它的树叶、树枝、树干和树根上攀爬、取食、挖洞、筑巢和躲藏。

树木喷雾

除了在上层树枝之间架设绞车和走道，最近人们开发出了另一种方法，能够远距离获取生活在树冠里的昆虫。这种最新的技术是用喷雾器将一种薄雾型杀虫剂喷洒到树枝和嫩枝之中。这种化学物质是可以生物降解的，并且对鸟类和哺乳动物无害，但是它能很快将昆虫和类似的生物击晕。一旦它们失去了附着能力，就会掉落下来。在低处或地表处悬挂着密集分布成网格状系统的漏斗，漏斗宽的一端朝上，用以接住掉下来的标本。然后这些标本会顺着漏斗滑进一个盛有酒精的容器中，酒精能够浸泡并保存这些小型的捕获物。薄薄的喷雾能够到达 15 米高的树枝里面。在喷射时，要求对准正确的目标并控制精确的喷射时间。这个办法只针对收集树冠上的昆虫样本。

严格遵守对树木喷雾的操作程序是非常重要的，要有正确剂量的杀虫剂、适宜的天气条件，以及按照推荐数量和排布方法所准备的漏斗。科学家们可在全年的不同时间针对一棵树重复操作该技术，也可以在同一时间对各种不同的树种进行操作。通过这种方法我们就能够获知，年复一年，昆虫的种群是如何随着条件的变化而变化的。

昆虫汤

漏斗下容器中的酒精最终变成了"昆虫汤",科学家们将其带回博物馆并对里面的昆虫进行分类。通常,分类的工作是在显微镜下完成的。不同类型的昆虫被分别装进各种不同的小试管中。然后,每一个小试管都会被送到一位特定的昆虫学家手中。所谓"特定"是指非常擅长研究某个昆虫类群,例如苍蝇、甲虫、飞蛾等。要鉴定完整个样品中的每一件生物样本,可能需要12个人。

在博物馆里,"昆虫汤"的样本们被精心分回到它们的主类群,比如甲虫、毛虫、苍蝇、蜘蛛等。

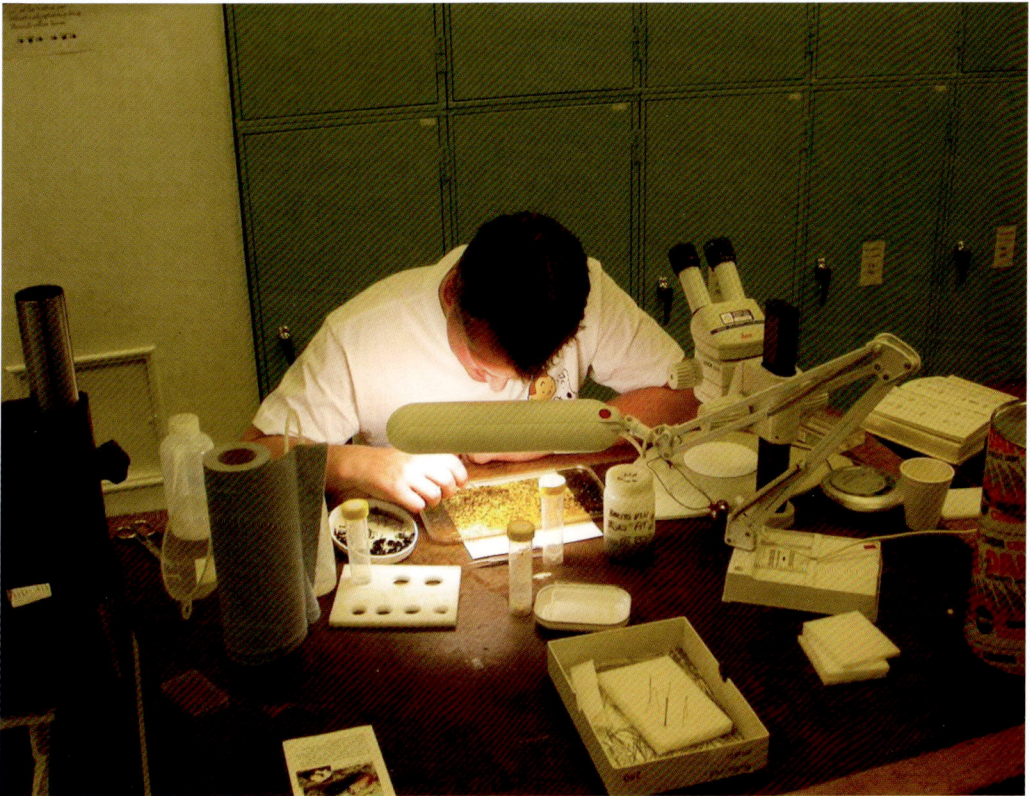

最近，在布克汉姆的一次树木喷雾过程中，人们发现了一个惊喜。它是一件很小的甲虫标本，只有 2.5 毫米长。但它却很重要，因为在英国的昆虫名单中，这种甲虫是罕见的。事实上，找到这种虫子的地方一共不超过 10 处，而这里就是其中一处。这种甲虫要么真的稀有，要么它可能之前就已经在布克汉姆的树冠上生活，只是新的喷雾方法最终检测到了它的存在。喷雾法的总体结果表明，布克汉姆的栎树树冠生机勃勃，即使在经历了一个世纪的深入研究以后，这里依然有新的发现。

又大又美丽

甲虫有可能是物种数量最多的昆虫了。但是大多数的博物馆参观者们心目中最引人注目的昆虫却是蝴蝶，飞蛾可能是紧随其后的第二名。这些生物组成了昆虫的鳞翅目（Lepidoptera），意思是有鳞的翅膀。它们被如此称呼是因为覆盖在它们四个翅膀上的数百个微小的片状鳞，正是这些鳞片产生了惊人的色彩和图案。全世界总共有超过 18 万已知的鳞翅目种类，其中大约有 2 万属于蝴蝶，剩下的则属于飞蛾。

伦敦自然博物馆的蝴蝶收藏是世界上最大最全面的，其抽屉和柜子里的标本代表了大约 90% 的已知蝴蝶物种。博物馆工作人员和他们的合作者们去到之前没有被人探索过的地方，森林深处、高山之上、灼热的沙漠里和蚊子成群出没的沼泽地。他们雇佣直升机到达最遥远的地点，比如深谷和悬崖。科学家们会待在那里一个星期或者更长时间来完成他们的工作，而乘坐直升机是他们离开的唯一途径。

迁移之中

伦敦自然博物馆会定期举办新的蝴蝶展览，详细介绍这些引人注目的生物的习性和生活。2009 年的"蝴蝶丛林展"，包括了一个临时的热带蝴蝶馆和一个地处于南肯辛顿喧闹之中的丛林游乐场。在幕后，陆续有越来

生物指示种

　　最近才增加到鳞翅目收藏的标本中包括一种拉丁名为 *Idioneurula donegani* 的新物种[1]，它是一种中等大小的蝴蝶，咖啡棕色，后翅上有眼点图案，如下图所示。在对哥伦比亚境内的亚里吉斯山脉最高峰进行首次考察期间，博物馆的工作人员发现了这种蝴蝶，那个地区现在已经变成了一个国家公园。经过与博物馆收藏中的相似物种进行对比和DNA分析之后，这个新种被确定了下来。而就在几年之前，在这里兴奋起来的则是鸟类学家们，因为有一个鸟的新品种——亚里吉斯薮雀（*Atlapetes latinuchus yariguierum*）在这里被发现，它是黄领薮雀的一个亚种。

　　像许多昆虫和其他生物一样，蝴蝶与飞蛾也是生物指示种。它们的存在与否能够指示一个栖息地或环境的健康状况，以及该栖息地是否不受污染和其他损害的干扰。昆虫们一生会经历若干个生命的阶段，在此期间它们身体的形状变化十分剧烈，这种现象被称为变态。在鳞翅目昆虫中，这些阶段包括卵阶段、幼虫或毛虫阶段、蛹或茧阶段和成虫阶段。这些阶段中的每一阶段对环境都有不同的需求，因此为彻底考察当地生存环境的状况提供了条件。

1　为眼蝶科的一种。——译者注

越多的标本到来，要么等待鉴定，要么被加入巨大的研究收藏之中。金牌标本包括亚历山德拉王后鸟翼蝶（*Ornithoptera alexandrae*），它是世界上最大的蝴蝶。其雌性个体的翼展可以达到 30 厘米，头部和身体加起来长 8 厘米，和手指一般大小。旧时的采集者们通常用网捕捉这些瑰丽的鸟儿大小的昆虫，甚至用枪将它们击落，因此一些博物馆标本上有来自枪击的弹孔。

2009 年，有超过 800 万件蝴蝶和飞蛾标本从它们的老房子迁移到博物馆新建成的达尔文中心，那里有高度可控的环境条件，并且在一定程度上对公众开放。中心内有超过 23 000 个抽屉的鳞翅目昆虫，其中 5578 个抽屉里面单纯为英国的本土物种，还有 10 000 个抽屉里面装着另一个数量极多的昆虫类群——膜翅目（Hymenoptera），就是黄蜂、蜜蜂和蚂蚁。

新旧蝴蝶

将鳞翅目的标本迁移到达尔文中心时需要非常小心，因为其中一些标本已经变得非常脆弱。这并不奇怪，因为最古老的标本可以追溯到超过 300 多年前的 1680 年。蝴蝶与飞蛾被保存为标本要通过一个所谓"摆放"的过程，从古时到现代这个制作过程几乎没有改变。在摆放标本时，每一个昆虫学家都有个人的偏好和技术，但是一般来说，当标本还处于新鲜状态时，如果有可能的话，它们都会被轻轻地打开使翅膀向两侧展平，而不是把翅膀合拢在背上。这个过程可以借助一根针或探针来压紧翅膀上逐渐变粗的脉管的基部（此位置靠近翅膀与身体的连接处），而不要按压翅膀的外侧部

这里展示的是，在巴布亚新几内亚，仙丹花（丛林茉莉）上落着一只雄性的亚历山德拉王后鸟翼蝶。它不仅比雌性的个体小，而且在颜色上也非常不同。它的翼展为 15~20 厘米。

雌性亚历山德拉王后鸟翼蝶在它的类群中算得上是巨型蝴蝶，但是由于它的褐色色调，比起雄性个体它还是不够显眼。鲜亮的雄性个体通过翩翩飞舞吸引雌性个体与之交配，然后雌性个体将卵产在伪装过的秘密地方。这里所展示的蝴蝶大小只是它实际大小的30%。

分。在好几个方面，蝴蝶与飞蛾都彼此不同，虽然在鉴定时并没有哪一个方面能够作为万无一失的鉴定标准。一个比较显著的区别是，前者在休息时翅膀一般呈展平的状态，而后者休息时一般将翅膀收紧；但是也有例外。还有一个更保险的区分方法，那就是蝴蝶的触角或触须像球棒一样具有膨大的端部，而飞蛾的触角看起来是线状或羽状的。

在准备摆放鳞翅目昆虫制作标本时，必须十分注意触角或触须的部位。如果这些部位破损了，是非常难以进行修复的。当标本被展平以后，将它轻轻放在几页专业用纸之间，然后沿着它的边缘用针将其固定在软木板上，针要靠近生物边缘但不刺透生物本身。最后，把它放置在阴暗的地方让其自然变干、变硬，因为明亮的光线是鳞翅目翅膀的大敌，会令它们的颜色很快褪掉。

不再需要镀金的标本

产自非洲的侏儒蓝蝶是已知最小的蝴蝶之一，它的翼展只有1.4厘米。通常，蝴蝶与飞蛾是足够大的，可以使用肉眼或者10倍的手持放大镜来观察它们翅膀的颜色，从而对它们进行鉴定。但是，有许多昆虫要比它们小得多，因此研究起来也更加困难。比如昆虫中最小的物种，即所谓的仙女蜂，这一类寄生型黄蜂头和身体的长度只有1毫米的五分之一那么点儿。几只仙女蜂能够住在一个针头上。

历史上，这些微小的标本已经在光学显微镜下被观察过了，但是利用光学显微镜获得的放大倍数只有几百倍。要区分非常相似的种类或者鉴定一个新种，查看昆虫身上的细节特征就显得特别重要了。伦敦自然博物馆将扫描电子显微镜（SEM）纳为自己的高科技武器已经超过了40年。扫描电子显微镜使用的是能与标本相互作用的电子束，检测从标本上被释放出来的电子并将其转换成屏幕上的图像。电子的波长比可见光的波长要短得多，因此扫描电子显微镜能够产生非常高的放大倍数。早期的扫描电子显微镜只能用来观察具有传导性的样品，任何不具有天然传导性的样品都需要用碳或者金这样的贵金属进行包裹。包裹层具有传导性，有助于在显微镜中产生更强的信号。如果检测一件不具传导性的标本，电子会在其表面积聚，偏转电子束，图像则显示出黑色的条纹和明亮的区域。现代的扫描电子显微镜可以帮助抵消这种影响，因此包裹样品不再是必须的了。这种技术已经在博物馆使用了超过30年，获得图像的放大倍数可以比得上之前那些用包裹了的标本所达到的放大倍数。技术进步的结果是我们不再需要镀金的标本了！研究人员可以从标本盒中取出标本，检查它们，然后再把它们完好无损地返还到标本盒之中。直接把标本放在显微镜下，在几分钟之内，屏幕上就会显示出这件标本所有的微观特征，这些微观特征同时又是十分美妙和壮观的，甚至能够揭示出可能的新物种。

200μm	Mag = 100 X	EHT = 20.00 kV	Signal A = QBSD	File Name = gavib0107.tif
	WD = 19 mm	Spot Size = 450	Chamber = 12 Pa	

这是 *Perilimicron alticolator* 唯一已知标本的侧视图。通过在扫描电子显微镜下的精细研究，科学家们希望更多地了解这个神秘的物种。

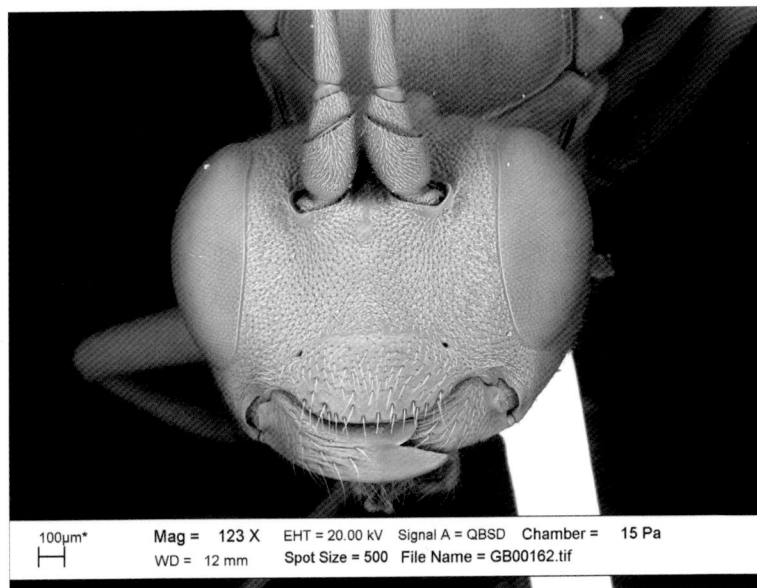

100μm*	Mag = 123 X	EHT = 20.00 kV	Signal A = QBSD	Chamber = 15 Pa
	WD = 12 mm	Spot Size = 500	File Name = GB00162.tif	

图中显示的是 *Lathrolestes* 属种类的面部，这是一种寄生叶蜂的幼虫。人们需要对 *Lathrolestes* 属黄蜂的分类进行重新审视，而扫描电子显微镜与其他的现代技术手段则能加快这一工作进程。

古怪的昆虫

伦敦自然博物馆的珍品包括一些非常奇怪的与昆虫有关的标本。其中一件是筑在一顶圆顶硬礼帽当中的马蜂窝！它不是由寄生性黄蜂所筑的，而是由一般的黄蜂——普通黄胡蜂（*Vespula vulgaris*）筑成的，就是夏季野餐和烧烤时吓坏我们的那种。这件帽中之巢来自沃尔特·罗斯柴尔德位于特灵房产中的一间户外厕所，这间厕所现在已经成了博物馆的一部分。蜂后们通常会选择一个地方，比如一个动物洞穴、天然洞穴或者树洞，来开始它们筑巢的工作。这只特别的蜂后可能是在春天飞进了这间户外厕所，发现这顶圆顶硬礼帽是一个拥有适当庇护又有孔洞形状的地方，因此觉得可以在这里安家。在用咀嚼过的木头和它的唾液建造了一些小隔间或者巢房以后，蜂后就开始在里面产卵。接着，它会用糊状的其他昆虫来喂养其孵化出来的后代，经过它们的幼虫阶段，直到它们变成成年的工蜂。这些工蜂会继续扩大蜂巢，并照顾蜂后的后代，而蜂后则利用夏天剩下的时间来产更多的卵。

在伦敦自然博物馆的展品中，另外非常奇怪的一组是小小的穿着衣服的跳蚤，或者说"跳蚤的衣服"。查尔斯·罗斯柴尔德（Charles Rothschild）是一位跳蚤专家，那时他正期待着从墨西哥运送过来的跳蚤标本，但是却收到两套穿着衣服的跳蚤，这让他很失望。其中一套是一对农民夫妇，另一套是两对结婚的新郎新娘以及在一起的一个完整的墨西哥乐队。这些古怪的东西在维多利亚时代变得流行起来，同时，各种各样的跳蚤——人、狗、猫等——也变得更加常见与令人

这一圆顶硬礼帽的帽中之巢显示了黄蜂如何在各种各样奇怪的地方建造它们的居所。

这些穿着衣服的跳蚤制作于1905年左右，它们是送给查尔斯·罗斯柴尔德的一套穿着衣服的跳蚤当中的一部分。查尔斯·罗斯柴尔德是建立特灵博物馆的沃尔特·罗斯柴尔德的弟弟。

马达斯加达尔文天蛾，拉丁名为 *Xanthopan Morganii Praedicta*，有一个非常长的喙。通常，它的喙卷起来呈螺旋状，位于头的下方。

大彗星兰授粉方式的问题使查尔斯·达尔文和其他的博物学家们十分困惑。它导致了一个预言的出现，而这个预言则是进化论中最早实现的预言之一。

厌烦。人们用废布制作微型人物形状的服装，然后粘在跳蚤上，这样看起来跳蚤就穿上了衣服。大多数穿着衣服的跳蚤的高度小于 5 毫米。一些穿衣服的跳蚤被大量生产出来，作为小件的珍奇物品或者纪念品出售。人们并不清楚这种流行趋势是从哪里开始的。一种说法是以制作许多种微缩模型而闻名的修道院的修女们发明了这种东西。在一段时间以内，穿衣服的跳蚤在许多地方都非常流行，从墨西哥到欧洲、印度、中国和日本。

飞蛾的预测

伦敦自然博物馆最著名的鳞翅目昆虫标本之一，是摩根天蛾，拉丁名为 *Xanthopan morganii*。这是一种产自非洲及其附近马达加斯加岛的大型天蛾。它很著名是因它与进化论的两位创始人——查尔斯·达尔文和阿尔弗雷德·拉塞尔·华莱士（1823—1913）之间的联系。1862 年，达尔文研究了一些由植物学家詹姆士·贝特曼（James Bateman）送到他那里的兰花。他惊讶于大彗星兰（*Angraecum sesquipedal*）的形状，尤其是它像马刺一样的被称为蜜腺的部分，这个部分能够生产芳香甜蜜的花蜜吸引昆虫为其授粉。当飞蛾吸食其甜甜的诱饵时，花粉就会附着在它的头上，如此飞蛾就将花粉传播到其他的花上。大彗星兰的蜜腺窄而深，从昆虫可以探入的开口处到其基部大约有 30 厘米。在第一次见到这种植物时，达尔文惊呼："什么昆虫能够吸食到它的花蜜呢？"

那一年晚些时候，在《兰花的受精作用》一书中，达尔文预言这种兰花的授粉者可能是一种具有中空吸管一样口器的飞蛾，这种口器被称为喙，其长度足以达到大彗星兰的蜜腺。"在马达加斯加，肯定存在喙能达到10~12英寸长的飞蛾！"

华莱士采纳了这一观点。他知道非洲大陆上的摩根天蛾，这种飞蛾就几乎符合这一要求。他推测，甚至有另一种具有更长喙的天蛾将会在马达加斯加被找到。1867年，他甚至为这种被预测出来的昆虫绘制了一幅素描图。此时，他和达尔文都在研究和思考，因为他们都认为一朵花的蜜腺生长得如此之深，这样的存在绝对不是一种偶然。肯定是由于某种原因才出现这样的进化产物，还有什么原因是比飞蛾或类似的生物能够传播花粉使花可以结籽更好的原因呢？那时，距《物种起源》的出版仅仅过了几年的时间，有许多科学家嘲笑这些预言，因为他们对进化仍然持怀疑的态度。1903年，人们最终找到了这种飞蛾，并且将其鉴定为马达加斯加达尔文天蛾。

自然选择的发现

阿尔弗雷德·拉塞尔·华莱士最为人所知的，可能就是他独立于查尔斯·达尔文之外发展出了由自然选择导致进化的理论。1858年，华莱士将一篇文章送到了达尔文那里，目的是要与达尔文分享他自己的想法。这些想法是他在东南亚采集标本期间出现在他脑海中的，当时他正发烧，卧病在床。正如他后来写道："为什么一些物种灭亡而另一些活着？答案很清楚，总的来看，最适者生存。"当达尔文收到华莱士的信时，他

阿尔弗雷德·拉塞尔·华莱士是最伟大的博物学家之一。这幅由他创作于1867年的图画展示出他想象中的在马达加斯加为兰花授粉的飞蛾，在用其惊人长度的吸管"喙"吸食花蜜时出现的景象。

感到很震惊，因为差不多20年来达尔文一直致力于一个相同想法的研究工作。他求助于他的两位朋友，查尔斯·莱尔（Charles Lyell）和约瑟夫·胡克（Joseph Hooker），之后就是人所共知的，这两位朋友设法安排了达尔文和华莱士的理论同时发表出来。在这篇联合论文发表15个月以后，达尔文出版了那本举世闻名的著作《物种起源》。

华莱士与达尔文保持着良好的关系，并且在他漫长的一生中，写了许多文章来解释"适者生存"理论，一直到他90岁的时候。然而，除了这些工作以外，他享受自己作为一位最棒的旅行博物学家和标本收藏家的职业。他一生的主要目标是收集动物标本，尤其是昆虫标本，作为他的个人收藏，并且以出售其中重复的标本来维持自己的生活。

华莱士花了四年时间在巴西的亚马孙河地区考察。1852年，在一次返航中，他的船起火了。事实上，在这次旅行中他所收集到的一切东西——成千上万件标本和他的大部分笔记——都损失了。在东南亚他则要幸运得多，在那里，他总共度过了八年时间。从东南亚，他运送回了超过125 000件标本，其中包括80 000只甲虫。像达尔文一样，他的名字也被用于许多动物的通俗名称和拉丁学名的命名中。其中最奇怪的物种之一就是华莱士飞蛙，学名叫黑掌树蛙（*Rhacophorus nigropalmatus*）。

华莱士最终于1862年定居英格兰，并撰写了《马来群岛》一书，当然他还写有其他一些著作。直到今天，这本书仍然被认为是有史以来写得最好的科学探险类书籍。

华莱士线

人们还通过华莱士线来纪念这位伟大的博物学家。华莱上线是在地理上划出的一个区域，从它的西侧到东侧，动物物种发生了显著的变化。这条线在印尼群岛中间穿过，从龙目海峡直到巴厘岛的东部，向东北方向一直延伸到婆罗洲和苏拉威西两个大岛之间的海域。在华莱士线的西部，大多数物种与亚洲的物种相关；而在其东部，物种更多与大洋洲的物种相关。

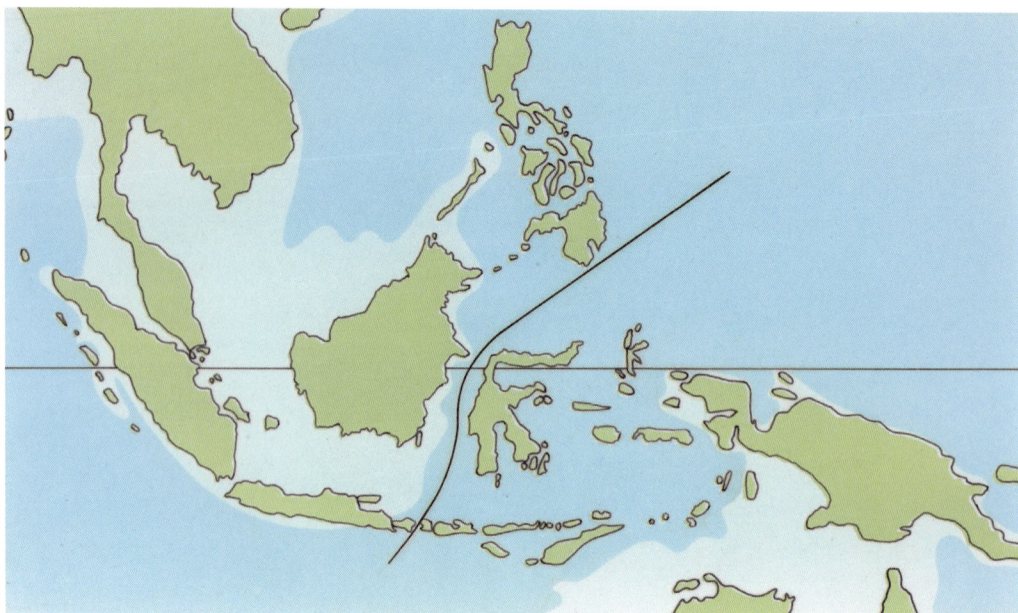

華莱士对动物地理分布的研究促使了生物地理学这一学科的产生，从那时起，这个学科不断发展并成为自然科学一个重要的分支。华莱士活到了 20 世纪，1913 年去世，享年 90 岁。

岁月不会让它们枯萎

　　伦敦自然博物馆收藏的一些昆虫标本已经有超过 300 年的历史了。但是即使有世界上最好的保存条件，也没有什么东西能够永远存在。那么，在这些标本开始破碎和消失之前，在最优条件下它们能保存多长时间？一个来自自然本身的故事提供了一条十分吸引人的线索。故事开始于一块无辜的木头，一位东盎格鲁的农民把它从地下挖了出来并且带回了家，准备劈了当柴烧。就在劈开的过程中，他在木头里面发现了一些保存完

沿华莱士线，在亚洲和澳大利亚的野生动物之间形成了一个边界带。这是一个过渡地带，即华莱士区，在这里有很多地方特有物种——即只在这里发现的物种，在别的地方都没有发现过。

好的甲虫。由于认不出它们的种类，因此他求助于伦敦自然博物馆。研究表明，这块木头因为掉入沼泽之中而被保存了下来。这里的环境就是科学家所说的"缺氧环境"，意思是缺乏氧气的环境。氧气，这种简单的气态物质，是地球上伟大的生命赐予者。几乎所有的生命形式——动物、植物、真菌和微生物——都需要氧气才能完成其生命的过程。腐烂和衰败主要是由蠕虫以及其他动物、霉菌以及其他真菌，还有诸如细菌之类的微生物们作用的结果，而它们全部都需要氧气。没有氧气就不会腐败。放射性碳同位素测年等检测结果表明，这块保存下来的木头大约存在了 4500 年之久，这意味着里面的甲虫来自同样古老的年代。因此，在保存动物的工作上，大自然干得很好，其保存动物尸体的时间跨度是任何一家博物馆保存标本时间的十倍还要多，这一点让博物馆的工作人员非常嫉妒。

上面说到的被保存下来的甲虫叫大栎长角甲虫或大山羊角甲虫，学名为栎黑天牛（*Cerambyx cerdo*）。它们

华莱士藏品中的许多昆虫学标本现在被收藏在伦敦自然博物馆中。博物馆还从华莱士家族得到了华莱士的私人手稿、文件和藏书，数量超过 5000 件。

的体型相当大，身体有大拇指大小，而且触角或者说触须很长，这也是它们名字的来源之一。今天，它们主要被发现于欧洲南部大陆、北非和近东地区，喜好较为温暖的气候环境。在英国，还没有发现这类甲虫的现生记录，但是化石和东盎格鲁的沼泽中保存下来的标本却显示出它们曾经在这里生存过。由此推断得出的结论是，约在4500年以前的青铜时代，东盎格鲁地区的气候与今天的法国南部更为相似。这项工作属于古气候学研究的一部分，而古气候学则是研究回溯史前时代的天气和气候的科学。被保存下来的甚至已经成了化石的动植物标本、树木年轮、冰盖、岩石类型，以及许多其他的线索，都蕴含着古气候方面的信息。古气候学的专业知识是非常宝贵的，尤其是目前我们正在进入一个全球变暖

在这块当地农民所发现的青铜时代的沼生栎木中，藏匿了近乎完美的4500年前的大栎长角甲虫——栎黑天牛（Cerambyx cerdo）。这表明现在英格兰东部的沼泽地带曾经一度更为温暖，并且被森林所覆盖。

和气候变化快速发展的时代，这些知识可以帮助我们人类预测未来将会怎样。

根深蒂固的恐惧

就甲虫来说，大长角甲虫也许算得上很大了。但对大多数人来说，它们并不是特别可怕。然而，一只只有它们四分之一大小的蜘蛛就能使人们吓得跳起来并且尖叫着跑开。人们对昆虫、鼻涕虫和一般爬虫的反应是一个复杂的问题。对一些人来说，我们的恐惧似乎完全合理，并且在我们人类的史前历史上，有其植根很深的根源。对其他人来说，被昆虫吓到是一种可笑的恐惧症，还是一种软弱的标志。

无论它们看起来怎样，或者它们如何移动，或者它们住在哪里，又或者它们做了什么，我们当中的许多人并不信任昆虫和类似的小动物。对一般昆虫的恐惧在英国是排名第一的恐惧症，这要多谢它们的节肢动物近亲——蜘蛛。有多达 10% 的男人和 50% 的女人害怕这

啊！当看见家里出现一只蜘蛛时，多达一半的英国成年人会恐惧地跳起来，接着会赶紧躲开（之后还会仔细地检查每一只鞋里是否有蜘蛛）。但是，这种生物既对我们无害又能帮助我们，因为它会捕捉害虫，例如苍蝇和蚊子。

些生物。但是，如果我们花一些时间理性地思考一下，我们就知道几乎每一天它们都存在于我们身边。那么，我们为什么没有生活在一种持续高度恐惧的状态里呢？我们是否曾经进入一间小屋，或者徒步穿越灌木丛，甚至将沙发从墙那里拉开，非常担心遇见一些可怕的多足动物？其实最有可能的情况是，它会为自己的生命提心吊胆，然后快快地离开，不顾一切地逃离这个突然出现的干扰了它微小而有限存在的巨人。

科学家们、心理学家们、精神病专家们和其他一些人一直针对人类对昆虫、蜘蛛等动物的恐惧进行争论。例如，一位进化生物学家也许会建议：是的，小心小型多足生物们是有道理的。特别是在热带地区，它们会带来有毒的咬伤或蜇伤，引起剧痛，甚至是死亡。即使与它们相遇没有立马带来严重危害，也可能会导致长期的危险。例如一只蚊子的轻微刺激和发痒的叮咬可能带来一种致命的热带疾病，感染者会经历多年疾病的痛苦，最终仍不能避免死亡的结局。因此，人类将某种恐惧、逃避和自卫纳入我们本能的、固有的行为之中，这是可以理解的。在它们靠近我们之前跑开或者打死它们——这些作为我们内在天性的一部分，可能已经根植在我们的基因中了。

天性还是教养

发展心理学家们也许会采纳另一个非常不同的观点，那就是，这种恐惧是不合理的。在诸如英国这样的没有致命昆虫、蜘蛛或蝎子的国家尤其如此，这里唯一的潜在致命动物是隐居的欧洲蝰蛇。发展心理学认为，许多人在遇到蜘蛛时并没有表现出特别的恐惧，而有的人则表现出真正的恐惧，而如果这些恐惧从进化论的角度具有生存价值的话，那么我们所有人一定都会表现出这种行为，并且适用在各种情况下。

有一种理论认为，不合理的恐惧是由后天教养，或者说我们被抚养的方式所造成的，并不是由天性或者我们的基因造成的。这种情况主要发生在幼儿时期，直到 5 岁左右，这是我们最初学习社交的一段时期。我们从周围人那里学习有关危险的事，比如道路交通和那些锋利的刀具。经常，人们会把他们自己的恐惧转移给我们，其中就包括对爬虫的恐惧。因此，当我们遇见一只蜘蛛、一只老鼠或一条蛇时，我们就会唤起从别人那里习得的恐惧并形成一个"讨厌"的反应。这就强化了我们脑海当中的恐惧。

可能天性和教养这两个观点都有一定的根据。实验表明，人们几乎能够发展出对于任何事物的恐惧感，甚至包括鲜花或者沙子。但是实验也显示，某些事物——蛇、蜘蛛、一般的昆虫——更容易引起恐惧感，并且这种恐惧比我们所说的一朵花引起的恐惧要发展得更迅速。所以，我们在童年的创伤性事件中向他人习得恐惧感的同时，一些与特定物体相关联的基因倾向或许也起到了一定作用。

昆虫菜肴

被绑架着学习对昆虫和蜘蛛的恐惧是另外一个传统，无论我们吃不吃它们。在世界上一些地方，主要是非洲和亚洲，油炸蟋蟀、水煮马蜂蛹或者烤蜘蛛是很常见的食物，它们被诱人地摆放在街边小摊和餐馆里。蜜罐蚁和木蠹蛾幼虫在澳大利亚是美味佳肴；油炸蚕蛹是丝绸业的一道美味的副产品；蚊子派和白蚁小馅饼充满了营养；蜘蛛有坚果的味道，烤过的干蝗虫，再撒一点盐，在有点饿的时候是手边方便的小零食。但是在其他地区，尤其是欧洲和北美洲，人们宁愿没有吃的，甚至饿死也不吃昆虫。这与传统和我们幼年时接触到的食物类型有关。这种现象会改变吗？昆虫通常数量众多并且富含营养，几乎没有真正不能吃的类型。随着世界人口的增长，粮食短缺也许会变得更加普遍。当面对粮食危机时，一部分的解决方案可能就在于昆虫。作为一种营养资源，它们可能会成为一种必需品。将来，人们可能会拜访博物馆的工作人员，请他们提供意见，不仅是关于昆虫的鉴定意见，还包括昆虫的滋味、烹调的原料以及具体的菜肴。

啃到骨头

  对任何一个研究解剖学、形态学或者生物学的人来说，骨架都是必不可少的研究对象。人类骨架对于医生，宠物和农场动物的骨架对于兽医，各种各样的骨架对于博物馆的科学家们来说，都是本行业至关重要的工具。一经清洁和干燥，这些包含大量信息的骨架就变得很容易管理和储存，甚至可以保存几百年。虽然有点令人毛骨悚然，但将已经死亡生物的其他部分去除，只留下其骨架，这件工作在伦敦自然博物馆一直是一项非常重要的娱乐活动。要完成这件工作，人们可以借助各种各样的解剖技术，并且用酶和其他化学药品处理死亡生

昆虫、蛹和其他的当地美食一起被摆放在泰国清迈的街边小摊上。许多西方人可能不会去买这样的食物。但是昆虫可以是美味的、营养的和丰富的，并且由于它们低碳而生态的足迹，它们会是未来的一种食物资源。

白腹皮蠹是一种吃肉啃骨头的甲虫。在自然界中，它被发现于除南极洲以外的所有大陆——在它周围总是有死去的尸体供它消耗，并通过它再一次参与到自然界的物质循环中。

物体。但是为什么不让自然帮我们一把呢？这一任务属于博物馆里体型最小的工作者们，它们就是能将肉从骨头上剥离的甲虫，正式种名叫作白腹皮蠹（*Dermestes maculatus*），也被称为兽皮甲虫、皮革甲虫或者食物储藏室甲虫。它们是天然的"拾荒者"和"清洁工"，能吃掉所有软组织，将骨骼完整不变地保留下来。过去使用化学药品法，例如使用过氧化氢和四氯化碳，会有药品渗入骨头之中，使骨头变得很脆弱，同时也破坏了微小的分子信息。而当我们去触摸这些骨架时，这些化学药品对于人来说同样也是有害的。

蠹虫

最近一批蠹虫"员工"于 2004 年到达伦敦自然博物馆，它们被指定去清理主要是鱼类和哺乳动物的骨架。之前，博物馆曾将成群的蠹虫养在容器里（类似于水族馆里养鱼，只是没有水），但由于各种原因这些尝试都失败了。最近一批蠹虫在到达以后就投入无休止的辛苦劳作中。它们生命的早期，即幼虫阶段，长约 10 毫米，是它们一生中最饥饿的时期。当然，它们必须要被严格地看守，因为这些蠹虫对博物馆和其他的动物标本收藏来说是臭名昭著的害虫，如果让它们从容器中逃脱，可能会毁掉博物馆的藏品。实际上，与之生活习性相似的昆虫——*Anthrenus sarnicus*，它的俗名就叫作"博物馆蠹虫"（museum beetle）。

一旦蠹虫养殖场被建立起来，环境条件又很适宜（这些小虫子极不喜欢亮光）的话，它们就能够自我维持下去。博物馆员工所要做的事情，就是不定期清扫和每周给它们大约 4 千克肉质食物。待制备的标本通常先要去除皮肤和内脏，以及尽可能多的肉质部分。从大的头骨和肢骨，到微小易碎的老鼠和鼩鼱骨架，这些蠹虫们用它们精巧的口器一点一点地刮食掉每一块残存的肉质，从不休息。

沉默的证人

本书的前面部分描述过博物馆的工作人员如何时不时地被传唤，在法律案件中做专家证人，包括在涉嫌谋杀的案件中，以及他们根据尸体上的苍蝇卵、蛆和蛹来估计死亡时间的过程。在英国，使用这类证据成功定罪的首个有记录的案例发生在 1935 年，是关于布克·鲁克斯顿（Buck Ruxton）医生的案件。鲁克斯顿医生是英格兰北部地区卢卡斯特的一名全科医生，很受人们欢迎和尊重。但是私下里，他却因为一个念头变得烦躁不安，他觉得他的妻子——伊莎贝拉（Isabella），一位交际很广的活泼女士，有了外遇。鲁克斯顿越来越嫉妒，显然陷入了可怕的愤怒之中。最终，

肉食动物

　　与蠹虫及其幼虫一样，苍蝇幼虫，通常被称为蛆，也是有名的肉食者。几年前，伦敦自然博物馆的工作人员在昆虫学标本架的后面发现了一些装在贴有小标签的瓶子中的苍蝇幼虫。它们原来是英国法医昆虫学领域里程碑式的案件中的部分证据（见第 146 页）。对它们的使用显示出昆虫能为谋杀案件提供至关重要的证据，不仅仅是关于案发详细地点的证据，还包括死亡时间。于是，法医昆虫学——将昆虫证据应用于法学舞台，变成了一门独立的科学。

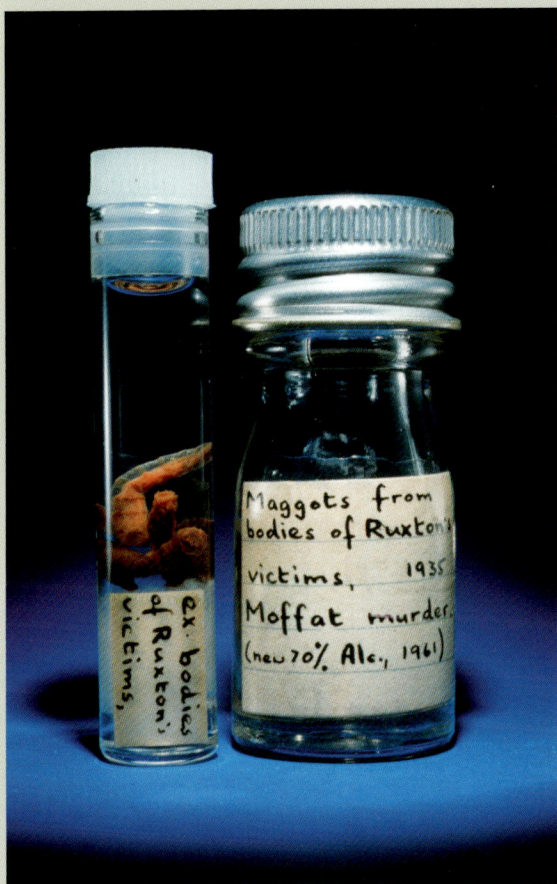

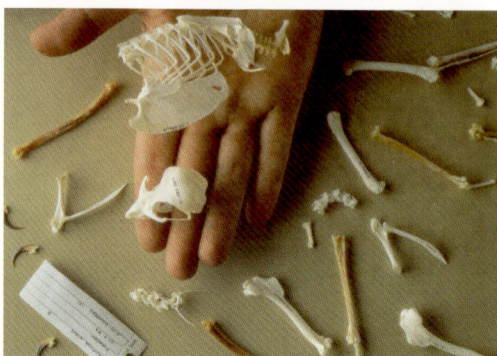

他再也无法忍受，于1935年9月25日掐死了伊莎贝拉。鲁克斯顿还杀死了女佣，也许是担心她会在他处理好之前发现尸体，也有可能是因为她已经发现了尸体。他将尸体肢解成了至少70块，以防止被人们发现。然后，他不明智地用本地报纸将尸块包裹起来，并于9月29日将其丢到了卢卡斯特以北三百多千米之外的苏格兰邓弗里斯郡莫弗特镇附近的一个陡峭山谷中。路过的人们发现了这些被包裹着的严重腐烂的尸体残块。此案一时成为全国头条新闻，被称为"拼图谋杀案"。鲁克斯顿遭到了怀疑。警方将各种各样的证据整合起来，这些证据包括指纹证据——鲁克斯顿曾试图将其抹去，但仍旧可以识别，以及法医人类学证据——一张人脸的照

一只鸟类标本在交给蠹虫之前，先要经历剥皮和去除大部分肉质的准备工作，以加快蠹虫们的工作进度。然后蠹虫的幼虫和成虫们就会在残留的尸体上工作，它们仔细地消耗软体部分并留下硬体部分——即骨头。一两周之后，骨头逐渐显明。这时，蠹虫们仍继续积极工作着，研究者们需要防止它们逃跑。最终结果是质量轻、精致而又干净的鸟骨架，所有边边角角和缝隙中的软组织全部被清除，可以进行重新装架了。

片可以与一个头骨的轮廓及特征相匹配。还有，牙科记录也在需要寻找的证据之列。第四条证据就是法医昆虫学的证据。从尸体残块上长出来的蛆被收集起来，并将其送到格拉斯哥大学和爱丁堡大学的 A. G. 默恩斯医生（Doctor A. G. Mearns）那里。他把它们鉴定为红头丽蝇（*Calliphora vicina*），估计它们的年龄为 12~14 天。因此，这就是从死亡到发现尸体之间的最短时间，这为死亡时间提供了至关重要的证据，即死亡应发生在尸体被发现的大约两周以前。

有越来越多的证据出现，它们都指向了鲁克斯顿医生。一个被肢解的头颅是用他孩子的衣服所包裹的。另

这只雌性红头丽蝇正在一具动物尸体上用它的长喙（口器）取食。在它周围，有一系列处于不同发育阶段的幼虫，或者说蛆，它们是从之前产的卵孵化出来的。

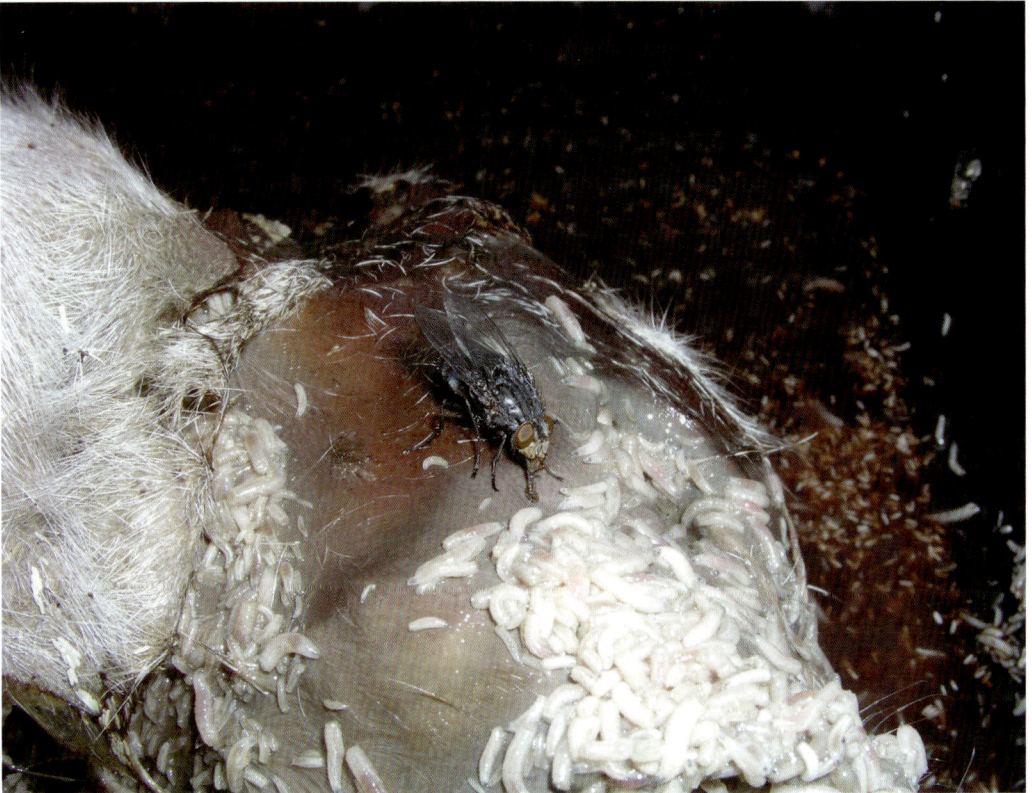

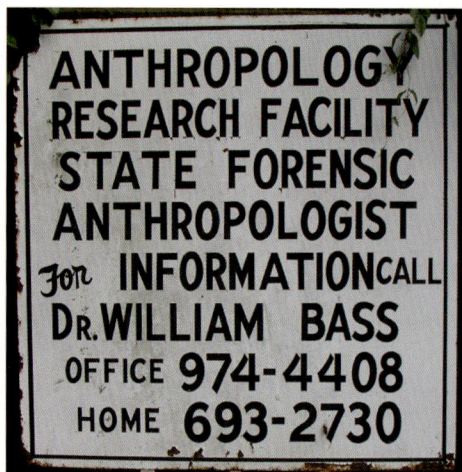

外，肢解手法很巧妙，证明凶手有一定的人类解剖学知识。与其他证据相结合，法律诉讼随之而来。鲁克斯顿的审判开始于 1936 年 3 月 2 日，11 天后，尽管他仍坚称无辜，但他的谋杀罪名依然成立。那时，对他的惩罚是死刑当中的绞刑。

尸体农场

1981 年，美国第一家人类学研究所，即位于诺克斯维尔的田纳西大学的"尸体农场"成立，促进了法医昆虫学这门科学的发展。每年，大约有 120 具尸体，通过各种来源来到这里。其中，一些是根据本人的愿望被捐赠到这里，另一些则是太平间和医学中心的无主尸体。

苍蝇、甲虫和其他的野生生物会出现，来完成它们的自然工作，那就是将组织降解，并最终使其循环进入新的生命体或者土壤之中。这些过程都会被记录下来。

在诺克斯维尔人类学研究所，每块塑料布都盖着一具正在缓慢腐烂的人类尸体，这是遵照尸体主人生前的愿望。塑料布不阻止昆虫们进入其中，相反，它会使里面保持较高的湿度，从而令尸体腐烂得更彻底。原本入口处的标志现在被放置在场地里面，因此从外面到里面时，它不是很明显。

霉菌和其他真菌，以及细菌微生物也都会被记录下来，同样需要记录的还有气象条件，尤其是温度条件。所有这些努力都为法医专家提供了更为详细的参考信息，从而使他们在工作中能确保公正客观。伦敦自然博物馆的法医昆虫学家们在尸体农场研究了昆虫对人体的分解作用，并将之与对猪尸体的研究关联起来，因为在大多数国家，包括英国，猪尸体是最好的可用替代品。

垂钓昆虫

一个令人愉快得多的信息收集方法是英国的垂钓者监测计划，最近由伦敦自然博物馆启动。只要花3分钟取点河床样品并在岸边检查一下，就足够垂钓们使用河里的飞虫幼虫作为晴雨表来监测水质了。如此，我们的河道就能够得到持续的健康检查。已经出版的指南包括了监测技术的注意事项和需要寻找的昆虫种类。监测结果将会反馈给英国环保署和苏格兰环保局，使他们更容易快速地查明水质问题并对其做出反应，例如农药和

石蛾是另一类群的生物指示种，它们的存在与否是判断水质的线索。筑巢石蛾（*Philopotamus montanus*）生活于急流之中，当人类生活或农业消耗过多的水时，它们就会受到伤害。

污染的泄漏、水道淤积、河流酸化等。这一计划同时也监测预期中由气候变化给河流所带来的长期变化。

河里的飞虫包括蜉蝣、石蛾和石蝇。它们在未成熟或幼体（即若虫）阶段生活于水中，然后羽化为成虫来繁殖后代。无论在水下还是在水上，它们都是鱼类、鸟和蝙蝠的食物，它们的多样性和数量是环境状况的敏感指标。垂钓者热衷帮忙，是因为水质的下降很可能严重影响他们最喜爱的消遣。在这一过程中，他们不仅能够互相分享垂钓经验，还可以与政府的科学家们和相关机构共同分享关于河流的知识。这只是伦敦自然博物馆推出的若干推广项目之一，目的是使公众更加关心环境和野生动物，同时还可以增进对科学知识的了解。

"水生昆虫合伙人之垂钓者监测计划"已经发展了超过 10 年的时间，在英国各地有超过 500 位河流垂钓者参与其中。这些方法是以科学家们监控生态系统和栖息环境的方法为基础建立起来的。健康的河流飞虫种群是健康河流的标志，对于每一个人来说，这意味着更好的水质。

英国的垂钓者被鼓励参与"水生昆虫合伙人之垂钓者监测计划",这是一项与伦敦自然博物馆及环保署有关联的公众项目。成千上万双眼睛随时观察着我们的水道。

蜉蝣幼虫,如这种绿蜉蝣(*Ephemera danica*),可在水中生活 1~2 年,而它们的成虫期只有几天,甚至几个小时。它们每一个种类都有自己喜好的生活环境,并对微弱的扰动敏感。

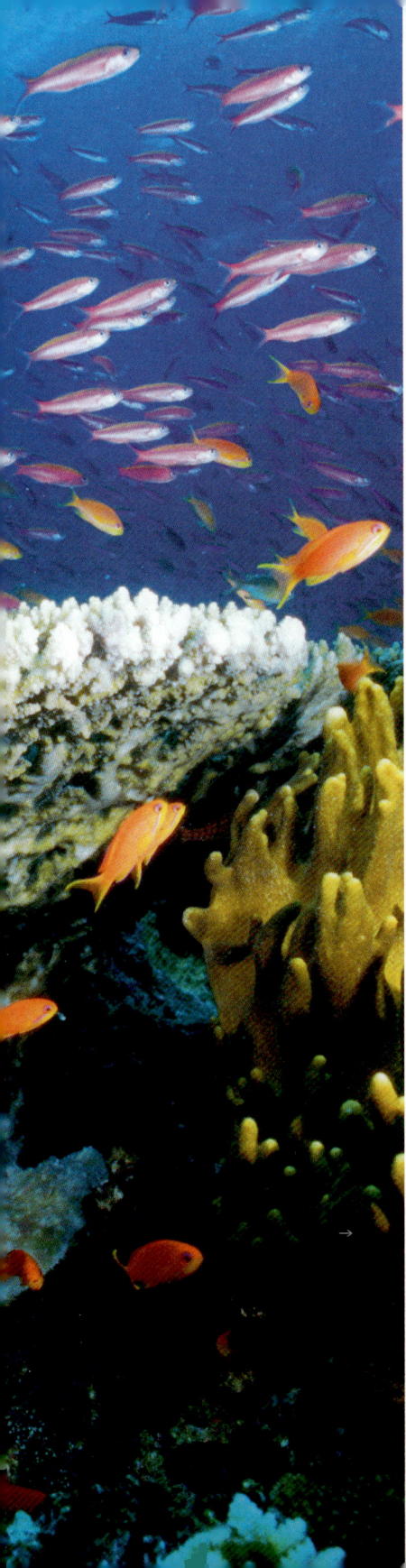

生命的多样性

生物多样性这一名词正越来越多地在新闻与我们的日常交谈中出现。简单来说，它就是生物的分异程度或广度及其在某一特定区域内的形成过程。联合国宣布 2010 年为"生物多样性年"，这是因为认识到生物多样性对经济的重要作用，并且承认我们必须加强努力来保护生物多样性，以避免加速到来的损失发生。

通过到现场亲身体验，我们可以对生命的多样性有一个粗略的认识。爬上热带雨林的树冠，或者带着潜水装备穿越一片珊瑚礁，你会发现各种有着不同形状、颜色的数千种动植物和其他的生物体正进行着多姿多彩的生命活动。它们生活在一起，并且以无数种方式进行着相互的作用。这些特殊的生境是地球上最著名的两种生物多样性最高的栖息地，并且温暖、湿润、阳光充沛，而这也是促使生物大规模爆发的三个重要条件。

相对于热带雨林和珊瑚礁，还有一些更加严酷的栖息地如多风的沙漠、风暴盘踞的冬季海岸峭壁或者光秃秃的河口滩涂，它们看起来几乎毫无生气。但事实可能并非如此。在河口的泥滩之下可能有数百万的小蜗牛、小虾或类似的动物，在这种黏黏的泥巴中生活得相当好。它们的种类也许并不多，只有有限的几个，也就是说它们的生物多样性可能并不高，但它们却能以巨大的

海螺有一种难以置信的多样性，虽然它们都属于来自菲律宾的同一物种——蜓螺，拉丁学名为 *Neritina waigiensis*。同一物种内部呈现许多不同的身体形态，这种现象被定义为多态，并且通过遗传，其生物多样性还会变得更加复杂。

数量取胜，因此它们是极度高产的——它们生产了巨大的生物量。同样，当夜晚来临时，沙漠中的各种动物会爬出洞穴寻找食物；在一场久违的雨水过后，埋在沙中的种子会迅速发芽、开花，为沙漠地表覆盖一层多姿多彩的地毯。如果你在春天回到海边的岩石峭壁，你可能会发现这里已经被数以千计的筑巢海鸟所占领，它们为了争夺空间抚养幼雏而拍打翅膀、叽叽喳喳争吵个不停。

生物多样性的评估取决于认真、详细、系统的观察和研究，伦敦自然博物馆在这一领域走在英国乃至全世界的前列。生物多样性之所以重要，不仅仅因为令我们惊叹的大自然的美学奇观，还因为它和它的本源——基因（至今尚有许多等待分析）——在我们的农业和食品生产领域、工厂和工商业所使用的原材料领域、人类自身的健康领域以及战胜危害大量人群的疾病领域都具有重大而错综复杂的意义。

海底工作

说到生物多样性，可能在我们脑海里最难以想象的，是一具巨大的鲸鱼尸体在黑暗幽深的海底默默腐烂的场景。但是最近，一项由伦敦自然博物馆工作人员所参与的工作让我们了解到了这些巨大的哺乳动物死后有趣的场景。这项工作让我们在很多领域有了新的理解，从我们对海洋生物多样性的认识，到极端环境中生物的演化，乃至生态系统对诸如原油泄漏等污染事件的响应。

对深海中"鲸尸坠落"的研究始于 20 世纪 80 年代，那时所借助的工具是美国海军首先开发出来的深潜器（DSV）。深潜器也叫作深水潜艇，它所能下潜的深度远大于搭载游客在珊瑚礁和海洋公园游弋的近水面潜艇所能下潜的深度，甚至大于许多军用潜艇。最著名的深潜器要数美国马萨诸塞州伍兹霍尔海洋研究所使用的阿尔文号深潜器，它可搭载 3 名船员，自 1964 年开始下水服役。阿尔文号可下潜至水下 4500 米深处，并在那里停留将近 9 个小时。

即使经历过数次改装和一次意外下沉到水下1500米的事件，阿尔文号深潜器依然持续不断地取得惊人的发现。到2005年，阿尔文号所有的零部件都已经被更换过了，因此，除了名字以外，最初潜水器上的东西已经什么都没有了。

阿尔文号装有威力强大的探照灯和机械臂，这些工具帮助它取得了一系列的成就。1986年，在大西洋西北部，它探查到了早在74年前就已经沉没的巨大邮轮"泰坦尼克号"的残骸。在此之前的1977年，在太平洋加拉帕戈斯群岛附近，阿尔文号帮助科学家们研究了首次发现的"黑烟囱"。"黑烟囱"是一些深海热液喷口，在那里，富含矿物质的高热水从海底裂缝中喷涌而出。其中的矿物质在遇到寒冷的洋底海水时形成固体颗粒或沉淀，产生出黑色的上升云，看起来好像冒烟的烟囱。这些热液喷口支撑着一些地球上所见到的最奇特的生命形式，它们已经使科学家们修正了许多关于生物如何适应极端环境的观点，甚至还包括在我们星球上生命是如何起源的观点。

鲸尸坠落

今天，潜入海底的工作主要使用遥控潜水器（ROV）来完成，它们是一些机器人潜水器，靠连接长长的线缆为其提供电力和指令。遥控潜水器由母船上的操作员来操控，操作员可以根据其所携带的摄像机传回的影像以操纵杆来控制螺旋桨、推进器和方向舵。它就像是在黑暗中被遥控飞行的直升机。遥控潜水器比深潜器下潜深度更深，作业时间也更长，因此它们对所有在深海进行的工作来说都是极其重要的，从调查海洋生物到寻找矿产资源和检修海底电缆、管道等。

1987年，阿尔文号再一次创造了历史，虽然这次创造带有偶然的成分。它在加利福尼亚南部约2000米深的海底发现了一具巨鲸（可能是蓝鲸或长须鲸）的尸体。科学家们惊讶地发现，即便是在如此深度之下，这具鲸鱼的尸体仍被各种生物所占据。常见的和未曾见过的物种在尸体上生机勃勃，而周围的海底则是一片死寂。就像是海底的热液喷口处一样，鲸鱼尸体就是一个生命活动贫乏地区的生物多样性热点和活跃地带。我们可以将之与陆地上沙漠中的绿洲相比；或者对普通陆生生物而言，这就是广阔海洋中的一座岛屿。假定鲸鱼的死亡和沉没是随机的，用它们的种群数量、寿命和活动范围来估算，"鲸尸坠落"在鲸鱼迁徙路线的周边5~10千米范围内的海底是相当常见的。此外，人们认为这些巨大尸体的分解需要超过100年的时间。

食骨者

虽然到目前为止，只有几具鲸鱼尸体在偶然间被人们所发现，但是科学家们仍然能够对沉没的尸体和打包取回的骨头进行可控的实验。人们将搁浅而死亡的鲸、海豚或者鼠海豚拖到某个选定的位置，然后使其沉入海底。接着，科学家们可以通过深潜器、遥控潜水器和远程摄像机来监控尸体的命运。

黑烟囱热液喷口从海底喷出含有化学沉淀的高热水。因为受到深海巨大的压力作用，这些水并没有沸腾。

螃蟹是海洋的首席清道夫。在太平洋东北部的圣卡塔利娜盆地，一只多棘拟石蟹（*Paralomis multispina*）正在蓝鲸或是长须鲸的肋骨上取食腐肉。

结果显示，新鲜的尸体首先被食腐动物们所吞食，其中有螃蟹、虾、蠕虫和鳗鱼，甚至还包括一些深海的鲨鱼，如巨大的 6 米长的格陵兰鲨，亦称小头睡鲨。之后，各种生物相继入驻，其中包括"食骨蠕虫"。它们于 2002 年首次在一具鲸鱼尸骨上被鉴定出来，那是在加利福尼亚沿岸蒙特雷湾接近 3000 米深的蒙特雷海底峡谷中。

食骨蠕虫对于科学界来说还是一个相当新鲜的事物，并且还在不断地使我们感到惊讶。起初，它们奇异的结构令科学家们迷惑，直到通过 DNA 的检测才确定它们是真的蠕虫，或者说是环节动物。这意味着它们与蚯蚓有亲缘关系，并与被称为多毛类或刚毛蠕虫的海生蠕虫们亲缘关系更近。食骨者们看上去与其他多毛类蠕虫非常不同，因为它们没有口或者肠道，并且它们能够吸收其"友好的"细菌所加工的营养物质。褶皱花瓣状的黏滑裸露部位是为它们根部的细菌农场提供氧气的鳃。这些蠕虫进化出了一种独特的繁殖策略，那就是个体极小的雄性就待在个体要大得多的雌性边上，等待卵

食骨蠕虫

乍一看起来，这个食骨者一点也不像是蠕虫。从骨头上伸出的裸露部位就像是盛放在黏黏薄管中的红色或橙色的花朵，这朵"花"把它根状的绒毛扎入骨头之中去消耗油、脂肪（脂类）以及其中的骨组织。这些物质反过来又成为生活在蠕虫体内数以千计的细菌微生物的食物。这些微生物分解鲸鱼骨中的化学物质来提取能量并为蠕虫提供营养。这种蠕虫—细菌的关系是生物学家们所谓的共生的一个例子，即两种非常不同的生命形式密切地生活在一起并相互受益。细菌得到一个舒适和被庇护的生活空间，不用在开放的水体中寻觅机会。作为回报，蠕虫则从细菌处获得了能量和营养。

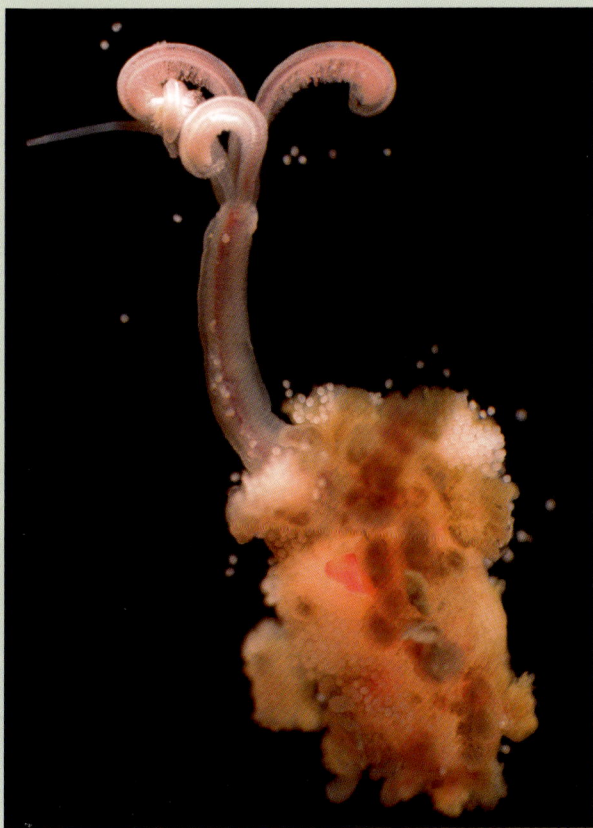

被排到水中时去使它们受精。

2005 年，在一个瑞典峡湾相对较浅的水域中，博物馆的工作人员发现了一种新的食骨者，它被命名为 *Osedax mucofloris*，意思是"食骨的花鼻蠕虫"。这一物种为研究"鲸尸坠落"开辟了一个新的领域，因为它是在不足 150 米深的海水中被发现的，而不像它的近亲们那样，被发现于海底数千米深处。随着工作的持续进行，科学家们确信食骨蠕虫的种数将会大幅度地增加。

岛屿跳跃

食骨蠕虫有时也被称为"僵尸蠕虫"，它们从与其共生的细菌获得能量，而这些细菌则是从鲸鱼骨骼中的营养物质获取能量。这种细菌和宿主蠕虫之间的共生关系在 1977 年首次于海底热液喷口处发现的 2 米长的巨

在海底热液生态系统中，深海的绵鳚鱼（*Thermarces cerberus*）正在巨型的管状蠕虫（*Riftia*）中间游来游去。这种蠕虫生活在由几丁质所构成的坚硬管道之中，而几丁质亦是形成昆虫与甲壳类的外壳或外骨骼的成分。

型管状蠕虫之中也有所体现。不同的是，食骨蠕虫的终极食物来源是骨头和脂肪，而海底热液喷口蠕虫的食物来源则是从火山烟囱中喷出的化学物质。细菌和寄主之间的共生关系在冷溢口，即原油和其他碳氢化合物从沉积物中溢出的海底地区，生存的动物中也有发现。

海底的鲸尸、热喷口和冷溢口有很多相似之处，它们都是食物贫乏的广阔海底中高度多样化的、富含营养物质的"岛屿"。人们认为，存在于这些喷口、溢出口和鲸尸上的一些物种也许能够在这些栖息地之间跳跃，将它们作为跳板，从而在巨大的海洋底部扩散。海底大量的鲸鱼尸体可能为这一扩散过程提供帮助，并且回答了关于在太平洋两岸会发现同一类动物的问题。正如查尔斯·达尔文所认识到的，岛屿生态系统对于新生命形式的演化是极为重要的。

更广泛的兴趣

伦敦自然博物馆的科学家们与他们的合作者们已经进行了多次"鲸尸坠落"的实验。2003 年，他们将一头重达 5 吨的小须鲸投入 120 米深的海底，定期探查以记录下实验的进程。近期，又有一头搁浅的鼠海豚被沉在16 米深的水下，并且为它建立了网络摄像监控系统。防水摄像机被安置在尸体附近的三脚架上，通过很长的导线将图像传送到附近的岸边，在那里，计算机和其他技术手段将画面记录下来并在互联网上进行播放。

在鲸鱼尸体上，有越来越多的蠕虫被发现并被赋予了新奇的名字，如地毯蠕虫、棉花糖蠕虫、滑雪板蠕虫，所有这些蠕虫都明显经历了特殊的演化以适应在这个独特的栖息地生存。不仅仅是海洋生物学家对这些新发现的奇特生物感兴趣，古生物学家更乐意去研究鲸鱼骨骼在被食用时所经历的不同腐烂阶段，以便和他们发掘出来的数百万年前的鲸鱼化石进行对比。研究生物如何腐烂之后形成化石的科学，被称为埋藏学。埋藏学可以描述植物、动物和其他生命形式从生物圈进入岩石圈（即石头的世界）的过程。它旨在了解生物体石化的过程以及为什么只有某些生物体变成了化

石，某些化石组合如何产生以及由此而产生的化石记录为什么不是简单随机的，而是以各种方式存在着偏重和偏差。通过了解更多关于死亡、分解和化石形成的细节，我们可以以今论古，知道更多关于这些远古生物在其生活时期的信息。

研究海底发现的新奇物种不仅能告诉我们一些具体的问题，例如当一头鲸鱼死亡时会发生什么，还能告诉我们关乎所有生物的普适性问题。生命在极端环境中是如何演化的？那里为什么有如此之多的物种？在其他星球上的生物会长成什么样子？在这些动物中，有一些会生产出不同寻常的化学物质，未来的某一天，这些化学

在瑞典一个海湾 120 米深的海底待了 5 年之后，一具小须鲸的尸体依然处于被消耗至骨头，直至被咬成碎片的状态。要是在陆地上，一只体型相当的动物，例如河马，可能早就消失不见了。

遥控潜水器是深海工作的"战马"。它的长线缆为螺旋桨的发动机、摄像机、传感器、机械采集手臂以及其他设备提供电力。

物质可能会具有工业或医疗的价值。详细记录和认识生物多样性是这些发现的关键所在。

瓶颈

随着更多关于食骨蠕虫和其他以鲸为食生物数据的增加，一条有趣的背景研究线索出现了。19世纪和20世纪的捕鲸业几乎摧毁了所有海洋中的鲸鱼种群，一些大型鲸类的数量锐减了90%。1946年，国际捕鲸委员会成立，目的是监控捕鲸业的发展趋势。1986年，该组织宣布在全球范围内暂停大规模的捕鲸活动。

大型鲸鱼数量的急剧下降意味着一些物种正在经历所谓的种群瓶颈问题。其中的风险就是会减少遗传的多样性，并有近亲繁殖、基因突变增加和基因库越来越小的危险。有意思的是，这种瓶颈也会影响诸如专食鲸鱼尸体的食骨蠕虫这样的物种。博物馆的科学家们正在研究这些蠕虫的DNA序列以探究瓶颈作用的影响，而蠕虫本身可能也是捕鲸水平的有效指示者。

海藻调查

人们常说，我们对月球和火星表面的了解比对我们星球上深海的了解要多得多。也不仅仅是深海，即便是在英国自己的海岸和浅海中也有许多发现等待我们去探索。最近，伦敦自然博物馆发起了一项活动，那就是"大型海藻调查"，即让海边的人们帮忙监测气候变化的影响和英国海藻中的外来入侵物种。

海藻是分布于全世界海岸和浅海中的一类相对简单的植物样生物，它们不开花，不结种子，也没有真正的根和叶子。一些藻类靠称为固着器的根状结构将自己固定，而另外一些则拥有所谓叶状体的宽阔叶状部分。但是，它们没有更高等植物那样的运送水和营养物质的维管组织。"海藻"是多种不同类群的藻类的不太严格的统称，大多数的海藻属于红藻、褐藻和绿藻。最常见的海藻是绿藻，海带和昆布是褐藻，而角叉菜（爱尔兰藓）则是红藻。

英国周边的海藻种类多达 650 种，在其栖息环境中，它们是其他生物主要的食物来源，是处于食物链底部的生物。它们也为许多滨海生物提供庇护所和安全保障，从鱼和螃蟹到海螺和贝壳类动物。它们能够削减海浪的能量，从而起到保护海岸线的作用。它们还会因为各种各样的原因被人类所采集，其中包括作为食物，例如紫菜面包。在寿司中，包裹大米的就是由一种海藻所制成的海苔。琼脂和其他的海藻提取物被广泛应用于工业生产过程中，例如生产纸张、洗发水、牙膏、化妆品和药物，它们甚至还是生产冰激凌的原料。

不常见的棕色海藻——绳藻（*Chorda filum*），长达 8 米。漂亮的分叉红色海藻——弗氏鲜奈藻（*Scinaia forcellata*），出现于英国的西部和南部海域以及沿英吉利海峡两侧的海域地区。绿色的石莼属（*Ulva*）紫菜是可食用的，也被称为海莴苣或者海苔。

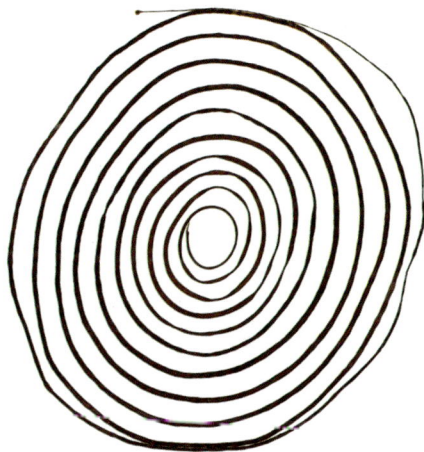

受到威胁

然而，英国海藻的生物多样性正面临着多种威胁。来自海岸排污口和河流的化学污染物涌入海洋，随海水冲刷着海岸；从遥远地区而来的入侵物种已经存在多年；气候变化的影响已经显露出来。科学家们需要更多的信息来弄清楚正在发生着的这一切，以及它们发生的原因。"大型海藻调查"是博物馆——公众众多的合作拓展项目之一，在这种项目中，普通民众可以从自然界收集信息，并为建设未来研究所需的科学数据库做出自己的一份贡献。

海藻调查的目的是标定 12 种关键海藻在英国周边的分布范围，并追踪其分布范围如何随时间变化而变

英国的岩石海岸，特别是有大洋暖流经过的南部和西部海岸，是世界上海生藻类（也就是我们所说的海藻）多样性最高的地带之一。其中一个地方就在康沃尔郡的圣迈克尔山。

化。举例来说，气候变化会对海水状况和海平面产生影响，而海水和海平面的变化又可能会对海藻和其他海洋生物产生影响。非本地物种同样也会带来麻烦。例如，20 世纪 70 年代初在怀特岛和南安普敦水域发现的海茜或马尾藻（*Sargassum muticum*）是这一物种在英国出现的首次记录。它究竟如何从其原产地——日本和中国到达那里，仍是一个谜，有可能它是和其他海洋生物一起过来的。一条可能的途径是通过牡蛎，它们被从日本或者不列颠哥伦比亚省穿越太平洋带到法国进行商业养殖，之后，一些零星的海草漂浮穿过了英吉利海峡。也有可能是，这种海藻微小的孢子或碎片黏附在船身或者待在压载水中进行了长途旅行。作为一种有害生物，马尾藻在英国周边很多地方都有发现，并且至今仍在扩散。到 2008 年，它已经向北扩散到了苏格兰的苍穹岛，比之前预测的要更远、更快。马尾藻能够长成厚厚的一层，从而遮蔽阳光并阻碍本地藻类的生长，还会进一步对其他动植物形成连锁效应。它还会堵塞进水口和养鱼设备，缠住船的螺旋桨。

生物调查！

"大型海藻调查"项目包括了对英国周边主要海藻种类的鉴定指导。在公众的帮助之下，博物馆的专家们得以开始标定海藻多样性的变化，并且弄清楚在英国的海岸边正在发生些什么。这一调查活动，作为一个正在进行的全国性项目，与伦敦自然博物馆另一项不同类型的"人人参与"型调查活动不谋而合，那就是在英格兰西南德文郡的温布利湾举行的"温布利生物调查"。它只是一系列全天候全方位调查活动中的一个部分，而所有这些调查都是针对某个限定地点的全部动植物资源展开的。调查的目的有两个：一是提高公众对生物多样性和环境保护等主题的关注度，二是收集可以预测未来变化的数据。温布利是一个重要的国家自然保护区，有多种多样的栖息环境，包括潮下水域、岩石海岸、海滩、海崖、干湿草甸、灌木丛和一条淡水河。除了伦敦自然博物馆以外，一些其他组织也参与其中，包括海洋生物学会和德文郡野生动物基金会。

"生物调查"（Bio-Blitz）就是指在 24 小时内进行详细的搜索，找到尽可能多的动植物物种。从周五中午至周六中午的 24 小时内，约有 100 名科学家和 1000 名志愿者参与到了温布利生物调查活动中。有超过 900 个物种被发现，包括美丽娇柔的"秋夫人的秀发"，这种兰花主要生活在雨水充足的草原，但在悬崖和沙丘也有发现，并且能够忍受盐雾。和许多其他野花一样，这种兰花也严重地遭受着现代农业的侵害，例如开垦农田和过度放牧，以及我们对平整草坪的苛求——我们并不愿意为野生生物留下一小块粗放的、野草茂盛的避难所。

在温布利海岸，上一次近距离观察到这种兰花是在 1957 年。这项活动的目的，是要将当前这里所有物种

德文郡温布利湾，2009 年 8 月，生物调查在此进行。专业的科学家们和热心的志愿者们通过 24 小时不间断的调查，鉴定了几乎每一种活物。

作为"温布利生物调查"的一部分，所有年龄段的志愿者们都被鼓励主动接近自然，看看他们自己能够找到些什么。这些鱼（如鳐、魟）的空卵鞘，也就是通常所说的"美人鱼的钱包"，会被人们分类，以进行计数和进一步的鉴定工作。

的详尽生物调查清单与 50 年前的记录进行对比。并且，同样的活动在同样的时间年复一年地进行，应该能够为我们提供一些线性的记录，来表明我们的海岸正在发生着的改变、生物多样性的增加与减弱、新的外来入侵物种、气候的变化以及许多其他因子的变化趋势。

植物标本室

温布利生物调查和海藻调查中的部分发现，最终将毫无疑问地成为伦敦自然博物馆的植物藏品。保存我们这些绿色朋友的通常办法，是将它们夹在专门的纸张中间，使用温和的力度和热度对它们进行按压，然后等待。如果整株植物足够小，那它就可以被完整地保存下来。较大的植物通常会被肢解，然后选择植株上具有代表性的部分，如茎、叶、芽、花和果实等，将其置于纸上。非常潮湿、含水量充足的标本则需要更换纸张来将水分吸出，这样能够使它们在霉菌和其他破坏者立足之前得到很好的干燥和平整。之后，这些压制而成的脆弱、易碎且几乎呈二维状态的植物标本，将被放置在更为持久的长期存储处，最好是一排排叠放在干燥黑暗的抽屉里。过去，这些植物标本可能会被夹在厚厚的皮革装订册内，就像书卷一样，爱好者们可以逐页翻阅，品评其中的物种。但是，多次翻阅会逐渐使标本松动和断裂，导致叶子和花瓣的碎片掉落出来。

斯隆植物标本收藏

　　植物标本收藏（herbarium）一词，在英文中既可以指保存的植物标本收藏品，又可以指保存这些标本的建筑物。它是植物学家们从事科学研究的主要参考来源。一个好的植物标本收藏是某一特定时空中植物多样性的记录，所有的标本都被标记上采集地点和采集时间这些通常的信息，并记录好天气、保存状况和其他一些相关的细节信息。植物标本收藏不仅包括我们今天所了解的用于调味或药物治疗的草本植物，还包括植物界中的所有物种，从苔藓和蕨类植物，到草、松柏类，以及最复杂的植物兰花和其他的开花植物们。

　　汉斯·斯隆爵士的标本是伦敦自然博物馆中历史最为悠久的植物学收藏，由他的私人收藏和他从同时代的人手中购买来的标本两部分组成，这些标本都被保存在传统的开本装订册内。如前文所述，斯隆是一位医生兼商人，同时也是一位最有决心的收藏家。他的捐献形成了大英博物馆的基础，并且在 19 世纪 80 年代随伦敦自然博物馆完全搬迁到了南肯辛顿。斯隆有着格外丰富的社会关系，在他的熟人中有托马斯·西德纳姆（Thomas Sydenham），他是当时的英国医学界泰斗，被称为英国的希波克拉底，还有约翰·雷（John Ray），他被称为"英国博物学之父"，是巨著《植物志》一书

1753 年，汉斯·斯隆将他的收藏和图书遗赠给了国家，作为回报的总金额为 2 万英镑，而这个价格是远低于市场价格的。这些遗赠形成了大英博物馆的基础，后来，大英博物馆的一部分又变成了伦敦自然博物馆。

美味可口，令人满足，一粒可可豆是巧克力（发酵之后）、可可粉（非脂部分）和可可脂（油脂部分）的原材料。

伦敦自然博物馆的植物标本收藏中有来自牙买加的汉斯·斯隆的可可树标本。类似这样珍贵的标本要定期检查并应用于研究工作，但是对其触摸的次数是要受到严格限制的。

的作者。

直到今天，斯隆的收藏无论从历史的角度还是从科学的角度来说，都是非常重要的。它们提供了一幅几个世纪之前生存的植物的快照，能够反映出其生存环境和产地所发生的急剧变化。它们来自世界上的许多地方，并且定义了一个时代，那就是英国的自然历史学家们开始认识到远方的植物具有巨大的生物多样性的时代。斯隆的收藏可能包括了到达英国的第一件可可树（*Theobroma cacao*）标本。这种热带树所结的豆荚含有最美味、最令人欣慰的食物之一 ——巧克力的关键成分。1687 年，斯隆作为阿尔伯马尔公爵（Duke of Albermarle）的医生访问了牙买加，并在之后一年多的时间里采集了超过 800 个植物新物种。他尝试了当地的

可可饮料，他认为这种饮料是"令人作呕、难以消化的"。然而，他发明了一种新方法，将之与牛奶和糖混合在一起，生产出我们今天所谓的热巧克力。伦敦商人将这一配方以"汉斯·斯隆爵士牛奶巧克力"的名字推向市场，使它成了一种时尚的治愈疗法，被医生推荐给所有患病的人。

植物标本藏品的增加

斯隆从其他一些自然学者兼采集者手中得到了多套植物标本和相关材料，并把它们归入自己的藏品之中。其中之一就是德国医生恩格尔贝特·坎普法

伦敦自然博物馆内，植物学家亚力克斯·芒罗（Alex Munro）正在打开并检查从巴拿马空运回来的装有压制植物标本的包裹，这项工作必须在下一步的保存和研究工作之前进行。

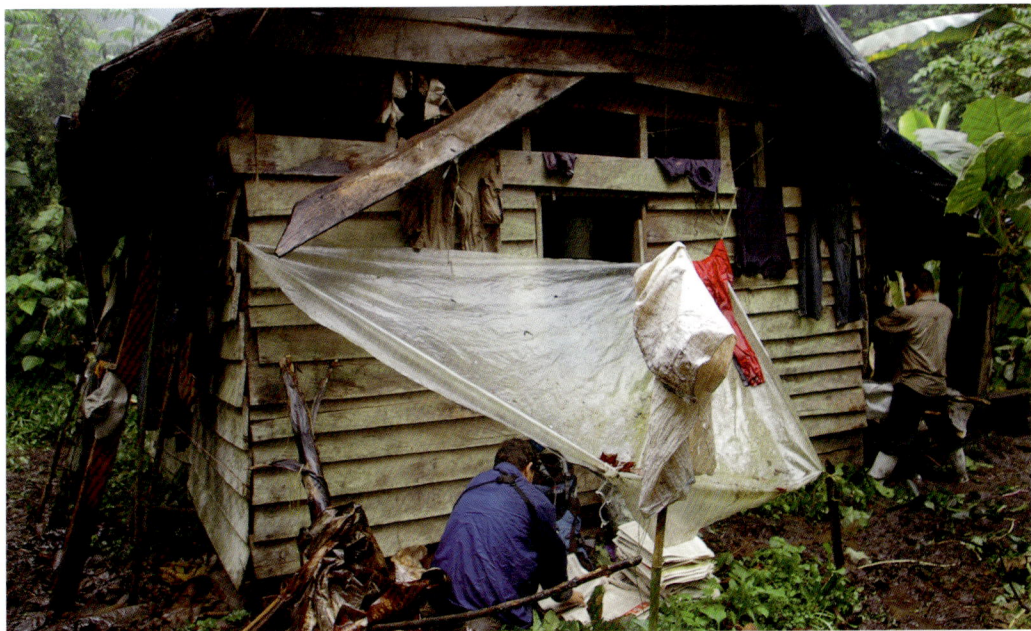

在野外，即时性是关键。在"勇者无惧"国际公园的哥斯达黎加部分，靠着一座废弃小屋的墙有一个棚子，棚子下方人们正在压制植物标本，这是保存植物标本工作的一部分。

（Engelbert Kaempfer）在漫游东欧、远至日本的旅行中所收集到的标本。坎普法为欧洲人提供了关于银杏树（*Ginkgo biloba*）的早期描述，这种植物在西方只见于恐龙时代的化石中，因此欧洲人认为它早就已经灭绝了。另外一套藏品来自英国人詹姆斯·坎宁安（James Cunningham），他是第一个到访中国的、有科学基础的欧洲"植物猎人"。1701年，他发现了中国杉，这种树以他的名字命名为 *Cunninghamia lanceolata*。

更多的一些标本来自英国的自然学家马克·凯茨比（Mark Catesby），他出版了关于北美植物群和动物群的第一本书《卡莱罗纳、佛罗里达和巴哈马群岛的自然史》（1732—1743）。还有更多的标本从宾夕法尼亚人、美国科学家之父约翰·巴特拉姆（John Bartram）之手进入斯隆的收藏之中。

生物多样性的热点地区

伦敦自然博物馆持续不断地派遣调查和采集队伍前往美洲和世界其他地区进行考察。最近考察的一个最为壮观的地方是中美洲，包括巴拿马。美洲中部这个地区，依据环境保护的国际准则，被列为世界第三大生物多样性热点地区。

要成为一个生物多样性热点地区，该地区必须有一定数量或占世界一定百分比的植物物种数量，并且这些物种应当是地方种——即本地特有，而其他地方没有的物种。种类繁多的植物，反过来会支持各种不同的以植物为食或者相互为食的动物们。第二个热点地区标准是这个地区由于人类的干涉，损失了一定比例的原始栖息地，该比例通常是 70% 以上。中美洲地区的原始森林已经从 113 万平方千米缩减到了 22.5 万平方千米，其主要原因是为获取木材而对热带雨林进行的砍伐以及为农业生产而进行的普遍的开荒造田行为。这里的地方树种数量超过 2900 种。在地方动物物种里，有约 30 种哺乳动物面临着严重的威胁，另有 30 种鸟类和 230 多种两栖类动物，例如小型的雨林毒箭蛙，也面临着生存的威胁。

生物热点地区的概念有助于使公众和科学家们将注意力集中在某些特定的地区，这些地区若以物种的数量来衡量，生命是极度繁荣的，但同时野生生物的栖息地却大量被毁坏，这种情况亟须遏止，并使生态环境得到修复。全球已有 35 处热点地区得到确认，未来还会有更多的计划来扩展这一名单，它们加起来约占地球陆地表面积的五十分之一。它们还是几乎一半的已知植物物种和大约三分之一的陆栖脊椎动物（哺乳动物、鸟类、爬行类、两栖类、鱼类）的家。

盯着天花板

19 世纪七八十年代，人们正在修建伦敦自然博物馆的时候，生物多样性热点地区这一名词还不为人所知。但是，人们却把异国他乡看成是野生

BANKSIA · SPECIOSA

（上页图）

伦敦自然博物馆中央大厅的宏伟天花板，往往容易被游客所忽视。几乎找不到什么关于它们的原始规划和绘画的记录，多年以来，人们一直想要准确解释出它们所展示的内容，以及为什么要展示这些内容。

这是六块美花班克斯木嵌板，它们与天花板上周围的嵌板并不一致，因此它们所处的位置让人觉得奇怪。这种小树原产于澳大利亚西南部海岸线一带的有限区域内。

动物极其丰富的地方，虽然这可能是一种纯粹的想象。这也体现在伦敦自然博物馆的一些展品上，它们几乎没有被研究过，甚至人们在经过时也很少看它们一眼，但是这些展品往往尺寸很大，并且通常是每个人都能够看得到的展品。它们就是天花板上的绘画和其他的装饰物，尤其是在天窗众多、像教堂一样的中央大厅以及与之毗邻的北厅里。

至于是谁最初绘制了天花板上的图案，能够找到的记录信息少得可怜，并且绘制的准确时间和为什么只选择特定物种进行绘制的具体原因也无从可知。近来，人们把大量的精力投入到研究各个类群之间的相互关系上，像这样的工作还有很多很多。这些图画展示了来自世界各地的植物，它们常常以拉丁语书写的学名标记（而不是通俗名称），特别突出的是那些有重要经济价值的植物。

在装修博物馆天花板的年代，收集和鉴定植物标本是一个非常重要的目标。调查每一个新物种有没有成为粮食作物、工商业原材料的可能性，或者有没有其他的

这是伦敦自然博物馆中大洋洲桉树（*Eucalyptus obliqua*）的正型标本（定义这一物种时所描述的原始标本）。它被采集于 1777 年，是桉树属（*Eucalyptus*）中最早被命名的物种。

实际应用价值也是非常重要的。新发现的大陆，尤其是那些属于大英帝国的土地，曾经被视为原材料的供应者，这些产物可以使英国更加强大，并为其在全世界的影响力推波助澜。

可可树，也就是巧克力树，如上文所述，也被绘制在天花板上。采集于澳大利亚南部的美花班克斯木（*Banksia speciosa*）也在其上。然而，这两个种类看起来有点不太寻常，似乎是放错了地方，它们跟一些更加出名的水果、英国本土的树，以及其他维多利亚时代人们所熟知的植物放在一起，似乎是英国自古以来就有的一样。将这两个物种摆设在这里，目的可能是要纪念伦敦自然博物馆的两位伟大的捐助者：也就是上文提到的汉斯·斯隆和约瑟夫·班克斯。

远至澳大利亚

约瑟夫·班克斯爵士（Sir Joseph Banks,1743—1820）是一位富有而独立的博物学者，精通植物学。他很繁忙，也很睿智，并且游历广泛。1768 到 1771 年，詹姆斯·库克（James Cook）搭乘皇家海军舰艇"奋进号"所做的第一次重要的环球旅行就是与他同行。当船停泊在那时依旧神秘的澳大利亚大陆的一处浅湾时，班克斯度过了一段非常愉快的时光，因为他采集到了各式各样不可思议的植物新品种。因此，库克决定将那个地方命名为"植物学湾"，也就是我们现在所说的澳大利亚的博特尼湾（Botany Bay）[1]。

---

1 "植物学湾"为直译名，此名为音译名。——译者注

有许多种植物是为了纪念班克斯而命名的，特别是班克斯木属
（*Banksia*）的植物。这个属包括了来自澳大利亚的 160 多个物种，其中大
部分是灌木和乔木，一些物种能开很大很漂亮的花朵。它们中的许多已经
成了公园和花园中的宠儿。班克斯还带回了欧洲第一件含羞草、金合欢树
和桉树的标本，在建立英国皇家植物园邱园的过程中，他是一位重要的
人物。

和斯隆一样，班克斯的海量植物收藏包括那些在"奋进号"的旅行中
所采集到的标本，都被捐赠给了大英博物馆。之后，它们再和其他植物标
本一起，被转移到了南肯辛顿。班克斯的标本中也包括他从别的采集者手
中所购买到的标本，以及诸如罗伯特·布朗（Robert Brown）到澳大利亚
和弗朗西斯·马森（Francis Masson）到南非探险的途中所采集到的那些标
本。今天，班克斯的植物标本收藏依然被保存在伦敦自然博物馆中，它们
是非常重要的科学资源，同时也在提醒人们，当早期欧洲人前往澳大利亚、
南非和其他的遥远大陆时，他们所看到的生物多样性是多么令人吃惊。

世界上最糟糕的旅行？

像班克斯、布朗和马森这样的植物标本采集者，他们忍受了远洋航行
中的种种恶劣环境，包括炎热、消化问题和蚊虫叮咬所传播的疾病，等等。
然而，他们大多数到达的是生物多样性极高的气候温暖地区。而气温在温
度计另一端的地区——南极洲则鲜少有人到达。伦敦自然博物馆藏品中的
三枚帝企鹅蛋，源自对这片巨大南方大陆的一次探险活动，在所有对南极
洲的探险活动中，这一次也是最可怕和最悲惨的一次。这就是 1910 年到
1913 年，英国海军上校罗伯特·福尔肯·斯科特（Robert Falcon Scott）灾
难性的南极"特拉诺瓦号"远洋探险。

采集这些蛋的地点，早在 1901 到 1904 年，斯科特搭乘"发现号"第
一次航行到南极洲时，就已经为人所知了。那一次考察队的成员之一，动
物学家、医生兼博物画艺术家爱德华·威尔逊（Edward Wilson）决心有一

55 Series
Emperor Penguin

44 Series
Emperor Penguin

64 Series
Emperor Penguin

在伦敦自然博物馆的藏品中，至今依然保存着 1911 年 7 月 20 日，由爱德华·威尔逊在"特拉诺瓦"远洋探险中所采集到的三枚蛋。威尔逊死在了悲惨的斯科特南极点徒步探险旅程中。之后，其他人继续了这一工作，并将两个胚胎制成切片，以进行微观的研究。

天要回来查看这些企鹅的繁殖地点，并且更近距离地研究这些鸟儿和它们的蛋。搭乘着"特拉诺瓦号"，他做到了。在两位亲密朋友的陪同下，隆冬时节，他离开探险队的主营地，前往寻找繁殖地的征程。这是一段最严酷环境下长达 225 千米的路程，在寒风中，这些人拉着他们自己的雪橇行走在伸手不见五指的黑夜里，挡住他们去路的还有深深的冰缝和巨大的冰脊。数周之后，他们到达了克罗泽角的帝企鹅繁殖区域，并且采集到了帝企鹅的蛋。整个旅行共花费了五周的时间，那时的平均气温在-40℃以下。

最终，他们带回了珍贵的蛋标本，但结局并不美满。威尔逊和他一位参加了"企鹅之旅"的朋友亨利·罗伯逊·鲍尔斯（Henry Robertson Bowers）和斯科特一起踏上去往南极点的探险。他们只比罗阿尔德·阿蒙森（Roald Amundsen）晚到了五个星期，然而在回程中，他们全部遇难。

艰苦与忍耐

当与威尔逊一起采集企鹅蛋的另一位同事，阿普斯利·切里-杰拉德（Apsley Cherry-Gerrard）最终将这三枚蛋连同胚胎一起带回到英格兰之后，他亲自将它们交给了伦敦自然博物馆。三个胚胎中的两个被制成了数百枚显微薄片，剩下的另一个则被保存于酒精之中。唉！当最终的研究报告公开发表时，认为这些胚胎能够

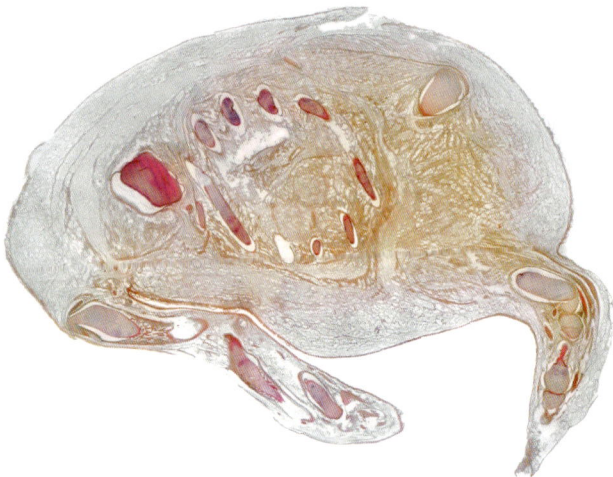

一个贯通企鹅胚胎的薄切片。

（见第 183 页）

人们研究它，以检验鸟类是从爬行动物进化而来的理论。

证明鸟类和它们的爬行类祖先之间存在一个过渡环节的猜想被狠狠地驳回了。帝企鹅本身本领非凡，经由诸如《帝企鹅日记》（2005）这样的电视纪录片和电影的宣传，它们已经名声在外。这些鸟类跋涉100多千米，从南极冰盖的扩张边缘到达它们古老的繁殖地点。雌性帝企鹅在产卵之后就回到大海。接着，雄性帝企鹅会将卵置于其两足之上，在-60℃的低温和风速达到每小时300千米的寒风中，坚持两个月，等待雌性帝企鹅的返回。

让我们再回到标本所在的伦敦自然博物馆，这三枚帝企鹅蛋提醒着我们，多年以来，探险家和科学家们通过他们的艰苦与忍耐，为全世界的博物馆收藏增加了如此之多的奇妙藏品。

美洲鸟类

伦敦自然博物馆里另一个与鸟类相关的项目，彻底改变了人们观察、研究和欣赏我们那些长着羽毛的朋友的方式。它们就是出版于1827到1838年的两卷本《美洲鸟类》，作者是约翰·詹姆斯·奥杜邦（John James Audubon, 1785—1851）。奥杜邦出生于海地，在法国长大，他是最伟大的探险家和博物学艺术家之一。1803年，奥杜邦的父亲把他从法国送到了北美，以避免其在拿破仑战争期间成为一个士兵。在这里，这位年轻人培养了自己孩子般的热情——他爱上了在乡间行走，并且对所有的野生动物都会感到好奇，尤其是对鸟类。他建立了自己的博物馆，但也不得不靠打猎和捕鱼来养活他的家人，因为他们博物馆的生意通常不好。他在野外的生活中变得老练起来，并且学习和钦佩美洲土著人的知识和技能。他也经历了起起落落，一度很富有，拥有大量财产，然而几年之后，他就成了被监禁的破产者。

到了1820年，奥杜邦决定回归他的初心，发誓要把北美所有鸟类的形象记录下来。因此，他游历北美20多年，在每一个鸟类栖息地观察、采集和绘制。他的探索区域从冰冷的北方直到墨西哥湾，并非常仔细地收集资料并做笔记。

图片里，馆藏部负责人朱迪思·马吉（Judith Magee）展示的是博物馆馆藏的《美洲鸟类》一书当中的一卷。该书每部四卷，伦敦自然博物馆藏有两部完整的此书。目前已知仅存 119 部完整的此书，每部的价值可能超过 500 万英镑。

　　奥杜邦书中的 435 幅手绘彩图，很快获得了它作为世界上最伟大和最美丽的自然作品之一的持久声誉。在那时，许多博物学画家画的鸟姿势僵硬、不自然，其中的部分原因在于他们是依照鸟类皮毛和呆板的鸟类装架标本来绘画的。奥杜邦则有着丰富的野外观察经验，可以将之运用到他的绘画中。他的绘画结合了科学的严谨性和生命的灵动性，捕捉到了他的绘画目标在自然界

这张原版图画来自奥杜邦的巨著《美洲鸟类》，描绘的是大火烈鸟（Phoenicopterus ruber）。这部伟大的作品是由伦敦的 R. 哈弗尔（R. Havell）及其儿子雕版、印刷并手绘上色的。

这幅有着一群渡渡鸟的插图,描绘了它们在地面筑巢的习性。图正中稍稍靠右,有一只颜色发灰的雏鸟,它的母亲正在给它喂食。在毛里求斯岛被引入了大量食肉动物之后,在地面筑巢使这些鸟儿成了"坐着的鸭子"[1]。

中的活动姿态,从而反映出了它们的生存环境和行为特征。

完全灭绝

作为鸽子的亲戚,渡渡鸟曾经一度在印度洋的毛里求斯岛上有着巨大的数量。岛上缺乏大型的捕食者,再加上地面上有大量的种子、水果和其他的植物性食物来源,渡渡鸟逐渐丧失了其飞行的能力。但是,当水手们开始发现这些岛屿,进而有殖民者到达这里时,渡渡鸟平静的世界被彻底改变了。随之而来的引进物种,包括猴子、猪和老鼠,从渡渡鸟筑在地上的巢里吃掉了它们的蛋和雏鸟。早期的到访者肯定也会大量捕杀渡渡鸟作

1 在英文中,"坐着的鸭子"意指最易击中的目标,用在这里有一语双关之妙。——译者注

为食物来源，但到访者的数量非常少，影响几乎可以忽略不计。然而，人类砍伐树木和引进农业牲畜的行为毫无疑问地改变了岛上的生存环境，到1690年，岛上再也没有渡渡鸟了。

伦敦自然博物馆展出过一具渡渡鸟的骨架，以及一具用小天鹅和其他羽毛所复原出来的渡渡鸟模型，因为迄今人们还没有发现完整的被保存下来的渡渡鸟皮毛。最近，博物馆的工作人员、研究人员与其他科学家们一起，在毛里求斯岛上的多个地点中发掘出了更多保存下来的渡渡鸟的残骸。但愿我们对这个既著名又难逃一死的动物的认识会继续得到提升。回想一下，渡渡鸟"完全灭绝"的命运，就是现今许多物种正面临着的极大危险和世界范围内生物多样性降低的一个悲惨的早期信号。除了作为过去已经灭绝了的动物的储藏室，伦敦自然博物馆存在的目的还在于帮助挽救现在仍然活着的生物。

长久以来，人们认为渡渡鸟又矮又胖。然而，对现存遗骸的新发现却表明，它们活着的时候要更瘦一些，甚至可以说是"苗条的"。

灭绝的标志

　　奥杜邦所记录的鸟类之一，是现在已经灭绝了的旅鸽（*Ectopistes migratorius*）。在不断变长的生物灭绝纪年表中，它的故事是最不同寻常的例子之一。当欧洲人最初到达北美洲时，这些鸽子的数量是如此之多，以至于它们成群飞过时会遮天蔽日，并且等它们完全飞过去往往要花上好几天的时间。有人估计它们的数量曾高达 50 亿只。但到了 19 世纪末的时候，它们的数量就和母鸡的牙齿一样稀少。整个旅鸽物种最后的幸存者是可怜的"玛莎"，它是以首任美国总统乔治·华盛顿（George Washington）夫人的名字来命名的。1914 年，这只旅鸽在辛辛那提动物园去世。

　　导致旅鸽灭绝的原因有很多，并且是错综复杂的，包括栖息地的丧失及碎片化、开荒造田和捕食等。相似的经历也发生在另一个物种的身上，虽然它们全部的数量不及旅鸽，但却是所有生物中最具标志性的，它们就是渡渡鸟（*Raphus cucullatus*）。

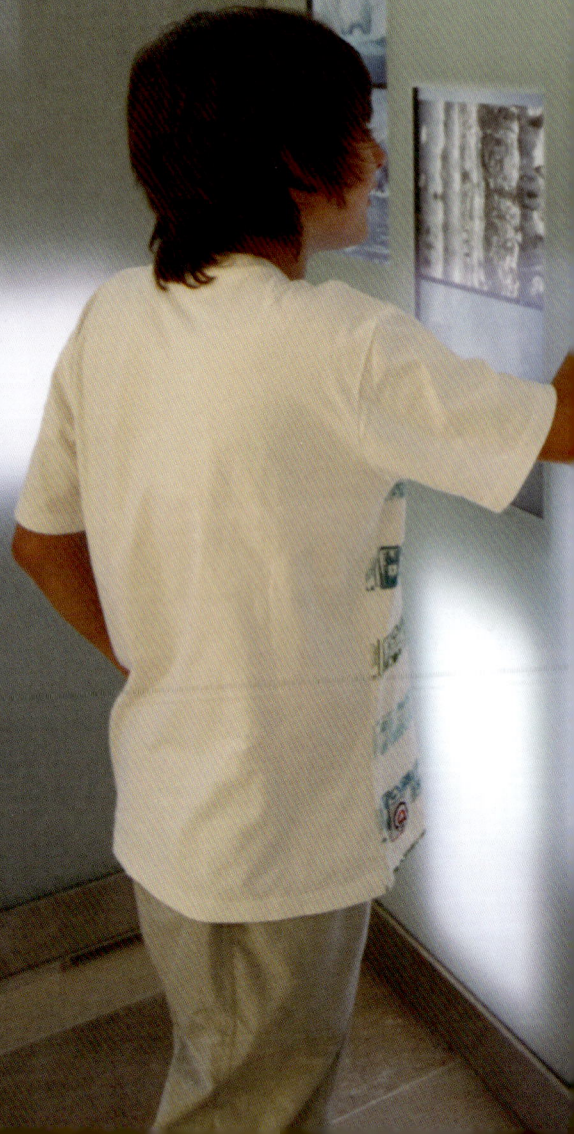

生命的未来

未来，博物馆会过时吗？它们是否也会成为博物馆中的藏品？当世界上的知识都在我们指尖的互联网上可以找到，我们真的还需要博物馆吗？作为一个关乎所有生命的巨大知识库，伦敦自然博物馆正在不断地发展，以面对未来的挑战。展望未来，你必须站在过去的基础上重新起航。

达尔文中心里互动式的、不断变化着的气候变化墙，能够对路过的参观者做出反应。

毛里求斯岛以其热带气候、美丽的海滩、完善的旅游设施和迷人的风土人情，当然还有渡渡鸟的消失而闻名。在世界各地，几乎每天都有动植物物种被加入濒危物种名单之中。渡渡鸟已经成了"物种灭绝"的一个象征。解决的方法就是要致力于环境保护，挽救动物和植物，以及在全世界范围内提高抢救和恢复自然栖息地的公众意识。

欧洲人第一次踏上毛里求斯是在 1598 年，更大规模的定居则始于 17 世纪 30 年代。毛里求斯岛位于马达加斯加以东 900 千米处的印度洋之中，约 65 千米长，45 千米宽，面积稍稍大于 2000 平方千米。它曾经一度为黑檀森林所覆盖，森林里还有棕榈树和其他一些原始植被。得益于合适的面积和相对与世隔绝的环境，毛里求斯有很大比例的地方特有种——它们只生存于此，在其他任何地方都没有。很久很久以前，先锋动物和植物就已经到达了这个从海底浮出水面不久的火山岛，然后进行演化以适应岛上独特的生存环境。同样的岛屿定居过程和与之相伴的独特生命形式的演化过程，在世界各地都有重复发生，正如查尔斯·达尔文在加拉帕戈斯群岛所看到的一样。

自从人类定居于此以后，毛里求斯的生境被彻底改变了。许多原来树木繁茂的地区消失了，取而代之的是甘蔗和其他作物的单一种植。引进物种，如田鼠、家鼠、狗、猫、猪和食蟹猕猴也随之而来，野生动物种类发生了巨大的变化。在欧洲人到达以前，除了空中的蝙蝠，如本地特有的毛里求斯飞狐或果蝠，和各种各样的海洋哺乳动物，如海岸附近的鲸鱼，毛里求斯并没有其他的陆生哺乳动物。最大的食草动物和食叶动物是一或两种巨型陆龟，但它们和渡渡鸟一样，早就灭绝了。

重新野化

在毛里求斯，有多个环保项目正在处理"重新野化"的问题，试图恢复本土的植物群和动物群面貌。当然，渡渡鸟是再也回不来了，至少以今天的技术是不行的。但是，当地的树种已经被种植到了保护区中，为动物金蟾蜍（*Bufo periglenes*）仅发现于哥斯达黎加的蒙特沃德生物保护区。人们最后一次看见它是在 1989 年。现在，人们相信它已经灭绝了。

们的回归和繁殖创造了条件。

要重新野化，我们当然需要知道原本的野生环境是怎么样的。在欧洲人入侵之前，几乎没有被保留下来的关于当地自然生态的记录。然而，如前所述的古生态学，正在帮助伦敦自然博物馆的专家们弄清楚，在这座岛屿上的哪些地方曾经生活过哪些物种。古生态学关注的是很久之前的物种范围，以及物种彼此之间、生物物种与环境之间是如何相互作用的。每一个物种在自然界中都扮演着一定的角色，或者说发挥着特定的功能，这就叫作物种自身的生态位（ecological niche）。

马里松是一块小小的沼泽地，人们在这里进行了发掘，寻找保存下来的动植物残骸，从细微的花粉粒到巨型陆龟的骨和壳。从泥泞的地面挖下去，会暴露出一些东西的断面，其中包括一些树的碎块，尤其是一些骨头的断面。此地近期的惊人发现是 7000 多件骨头，其中

数百件是渡渡鸟的，这些骨头已经被保存了超过 4000 年。这些渡渡鸟的残骸涵盖了其身体的大多数部位，从喙到脚，既有幼年个体也有成年个体。它们将帮助科学家们修正对其外貌的认识，使其传统上被描绘成的圆胖、短粗的形象朝着更准确的苗条、纤细的方向转变。

旧土地上的新陆龟

一部分发掘出土的残骸主要为巨型陆龟的骨头，其数量有几千件。显然，这些巨大的爬行动物对毛里求斯原有的生态系统来说至关重要。通过研究其他地方的巨型陆龟，包括几乎在半个地球以外的加拉帕戈斯群岛，

毛里求斯是一个非常奇特的岛屿演化案例，在这些生物演化中，既有进化，又有退化。壮观的莫纳山位于它的西南端，由一座半岛支撑着 555 米高的巨大玄武岩岩石堆积而成。

亚达伯拉象龟已经在可控条件下被引入毛里求斯，以尝试填补岛上相似物种的生态位或角色，而岛上的本地种早在 18 世纪时就已经绝灭了。

科学家们已经发现了它们所扮演的许多角色。它们取食植物，却使植物生长得更加茂盛，就像园丁修剪玫瑰，使玫瑰更加茂盛一样。这些陆龟取食果实，果实里的种子通过它们的粪便排出体外，从而使种子得到广泛传播。当这些毛里求斯的巨型爬行动物消失时，必定对当地的植物产生巨大的影响。恢复毛里求斯野生环境的工作，应当包括对陆龟的重新引入，因为它们是生态系统中十分重要的组成部分。但是，毛里求斯原有的陆龟已经灭绝，因此，人们正在用退而求其次的办法进行一项尝试，那就是选择第二适合的亚达伯拉象龟（*Dipsochelys dussumieri*，其拉丁学名曾为 *Geochelone gigantea*）。它们来自与其同名的亚达伯拉群岛，该群岛远在毛里求斯的北方，是塞舌尔群岛中的一个珊瑚环礁。亚达伯拉是一处世界遗产地，保存了其大部分的地方特有物种。

远离危机边缘

除了陆龟，还有数种鸟类是毛里求斯自然环境保护工作的重点。毛里求斯隼（*Falco punctatus*）主要发现于该岛的西南部，它的生存故事着实令人惊叹。这种鸟从来没有特别繁盛过，古时候可能有 200~300 对的繁殖个体。20 世纪 70 年代中叶，它变成了可能是世界上最稀有的鸟类，仅剩 4 只。这种隼的种群为多种原因所破坏，包括人类对它们栖息地的破坏，猕猴等引进物种对它们的蛋和雏鸟进行的取食，以及杀虫剂 DDT 的喷

50 日龄的毛里求斯隼刚学会飞，正环顾着它们的栖息地，准备测试它们的飞行能力。这种鸟曾经一度是世界上最稀有的鸟类，仅剩 4 只。现在，这一物种是一个鼓舞人心的保护成功的案例。

　　1965 年，一个野生动物保护区在格雷特岛建立，这是一个位于毛里求斯东南海岸附近的小岛，面积约 26 公顷。2000 年，人们消灭了岛上的外来种，并将 18 只亚达伯拉象龟引进，作为相似的替代种，但求与毛里求斯原有的生态面貌尽可能地接近。毕竟，巨型陆龟不仅仅是一个分类学单元，即一个需要被描述和分类的物种，它同时也是一个生态位的填充者，是其生态环境中自然平衡的必要组成部分。重新野化项目的这部分工作，在生态环境保护者之间引起了一些争议，因为新来的物种无法完全替代原有的种类，可能会导致一些问题。而在实践中，几乎没有什么问题出现。总体来说，引进的陆龟已经产生了积极的影响，表现出了许多与本地植物群有趣的相互作用。

　　它们的粪便能传播黑檀和其他植物的种子，并且提高种子的萌发率。它们避开幼树和幼苗，往往取食那些不太重要的种类。它们取食植物，沿森林边缘开辟出了新的区域，使所有依赖于这种背着硬壳的植食性动物的植物开始茁壮生长，而不是继续衰退。在绿化方面，这有助于重建渡渡鸟失去的领地。

粉红鸽是毛里求斯本土鸟类之一，这些鸟类都是从灭绝的边缘被艰难拯救回来的。在杰拉尔德·德雷尔的《金蝙蝠和粉红鸽》一书中，描写了部分保护工作。

洒（亦见第 97—99 页）。

在格雷特岛的自然保护区，人们把隼蛋小心地从窝中转移到暖箱里，进行人工孵化。对隼进行补饲，使它们不用伤太多元气就能够再次产蛋。渐渐地，配合放归和野外生存训练，这个圈养繁育过程变得越来越成功。十年之后，隼鸟的数量达到了 50 只。今天，隼的数量更是超过了 800 只，主要遍布在毛里求斯主岛邦布山上留存下来的森林里。此种群的数量可能会上升至 1000 只左右，这亦是当地环境的承载能力，即食物、居所和空间等可利用的自然资源所能支撑的最大数量。

鸽子与鹦鹉

一个相似的保护成功的故事，是关于另一种毛里求斯的特有物种——粉红鸽（*Nesoenas mayeri*）的。和毛里求斯隼一样，粉红鸽项目的主要推动者是德雷尔野生动物保护信托中心以及毛里求斯野生动物基金会。德雷尔野生动物保护信托中心由著名野生动物作家杰拉尔德·德雷尔（Gerald Durrell）建立，位于英国泽西岛，以渡渡鸟为其标志。粉红鸽的窘况与毛里求斯隼一样，只是晚出现了一二十年。到20世纪90年代初，仅剩下大约10只粉红鸽。人们尝试将其圈养繁育并放归，取得了巨大的成功。一些圈养的个体被带到泽西岛作为储备，之后再把它们的后代迁回到毛里求斯。现在，有超过300只的粉红鸽生活在毛里求斯的野外。

第三种拥有令人振奋的故事的鸟类是回声鹦鹉（Psittacula echo），它也被称为毛里求斯鹦鹉。像粉红鸽一样，它的数量曾经缩减到了只有10只，这种情况一直持续到20世纪80年代的早期。除了一般栖息地的丧失、适合筑巢的树减少和外来的食肉动物偷吃它们的蛋与雏鸟以外，毛里求斯鹦鹉还要面对来自另一个新来者——红领绿鹦鹉的竞争。再一次地，努力的保护工作加上圈养繁育使它们的数量上升，它们目前的种群数量为250~300只。

这种类型的保护工作既耗时又昂贵。不光要提供巢址、食物补充和防御捕食者的围栏，还要时刻保持对捕食者与疾病的警惕，所有这些都需要财力和物力的支持。2005年左右，工作人员曾经历过一次毛里求斯鹦鹉数量下降的恐慌，这可能要归因于鹦鹉喙羽症（PBFD）的影响，不过此后这种鸟儿的数量得以恢复。工作人员也必须考虑诸如鸟的性别等因素，主要放归年轻的雌性而非雄性，以保持繁育的成功。

在毛里求斯的地方特有种中，不仅仅是鸟类特别地稀有。格雷特岛的饰纹残趾虎（Phelsuma ornata）是一种小型敏捷的杂食性蜥蜴，现在已经广受爬行动物爱好者们的欢迎。该岛还是当地特有黑檀物种——格雷特柿（Diospyros egrettarum）的最后避难所。之前为了用作木材和柴火而对其进行的砍伐，导致在主岛上仅存大约10株此树。因此，格雷特岛上的零星黑檀树林对于该物种在自然环境下的延续就显得尤为重要了。

毛里求斯饰纹残趾虎只有 11 厘米长，但是它的颜色却非常多变。它生活在岛上较干的地方，适应于树林或岩石区域的生活。它的食性很广，从昆虫到果实和花蜜都是它食物的来源。

战时疏散者

对自然环境的保护工作不仅在毛里求斯得到了积极推行，在全世界其他数百个地方亦是如此。这些保护工作旨在为所有受到威胁的物种提供一个有希望的未来，要达到这一目的，需要在很大程度上参考已经消失了的过去。伦敦自然博物馆海量的动植物收藏与记录就能够为之提供参照，据此，物种的各个因素都可以进行估量，从其身体特征到分布范围，再到各式各样的品种，以及喜好的栖息地和食物等。

对这项工作来说，至关重要的是模式标本或称正型标本，即用来定义一个物种或者其他分类群的个体。通常，模式标本是最早被描述和鉴定的标本之一，有正式的科学报告指明它独有的特征，以及它所代表的新物种是如何区别于相似的已知物种。我们也许会想，模式标本应该代表了整个物种，但情况并非总是如此。因为它通常只是一个早期发现，在更多的个体被采集和分析以前，生物学家们并不知道它是不是一个典型的例子。

20 世纪 30 年代晚期，第二次世界大战一触即发，为避免遭到轰炸毁坏，人们制订了将博物馆中的部分收藏疏散出伦敦的计划。摆在首要位置的就是那些装在玻璃瓶瓶罐罐中的模式标本——那些被保存在酒精和其他液体中的标本。除了科学上的无价以外，如此大量的可燃液体若是遭到敌人的袭击定会发生大爆炸。博物馆的建筑可以重建，但是模式标本却是无可替代的。

在采石场

位于特灵的自然博物馆是伦敦自然博物馆主要的存储基地之一，但它不可能容纳所有的标本。通过调查，博物馆在距南肯辛顿约 32 千米的萨里郡戈德斯通村附近找到了一个废弃的采石场，可以作为一个合适的地点来保存易燃的酒精浸制收藏。1941 年底，超过 25 000 件的酒精浸制瓶装标本和其他重要的标本一起，被打包装进 900 个用木屑填充的箱子，然后被运

送到采石场深入地表以下 60 米的隧道和洞穴网络之中。

即便是这样巨大数量的标本，也仅占全部酒精浸制收藏的百分之五，但是人们不得不做出这样艰难的抉择。其他大城市的博物馆，例如位于南肯辛顿的相邻的英国科学博物馆及维多利亚和阿尔伯特博物馆，出于安全考虑也将馆中最珍贵的展品和收藏转移了。在采石场，盛放酒精浸制标本的箱子被三层高叠放于木质托盘上，安全稳固。这并不是隧道内最好的位置，因为酒商们已经将他们的酒瓶码放在了最保险的区域。现在，标本们算是摆脱了战争的威胁，但几乎同时，另一种威胁却出现了。隧道内闷热潮湿，也不通风。各种真菌开始

摄于 1943 年 2 月，伦敦自然博物馆的一个战时秘密存放点就是萨里郡的一个隧道和洞穴的网络。图中，亚历克·弗雷泽·布伦纳正在检查超过 25 000 件浸于酒精保存的标本的霉变状况。

伦敦自然博物馆未能在第二次世界大战中安然无恙。一次重大的打击发生在 1940 年 10 月，当时一枚燃烧弹严重损坏了贝壳馆的屋顶，并引发大火。之后，消防用水又淹没了位于贝壳馆下方的地下室。

在箱子和托盘的木头上、填充用的木屑里，甚至是标本的标签上生长。如前文所述，标签承载了标本的所有信息，若没有标签，这件标本就几乎没有什么用处。于是一组工作人员开始用防腐漆粉刷木头和标签，但这些人很快就在恶劣的条件下病倒了，真菌则继续肆虐。必须果断采取行动！

浸制标本的救星

伦敦自然博物馆希望找到一个人，能够领导工作组扭转目前的局面。亚历克·弗雷泽·布伦纳（Alec Fraser Brunner），一位临时聘请的鱼类专家，看起来很适合这一工作。然而，正当他要将他的拯救计划付诸行动时，1942 年 4 月，他被征召入伍。好在伦敦自然博物馆、其拨款单位英国财政部、英国陆军部和英国兵役管理部门之间一系列重量级的通信，使得弗雷泽·布伦纳在完成他的工作以前免于服役。

弗雷泽·布伦纳断定，拯救这些收藏的唯一办法是将它们全部搬出隧道进行处理。他、三位工人和一匹勇敢的小马将 900 个箱子全部搬了出来，放在新鲜空气和阳光里。

每一趟搬运都要在黑暗、潮湿、狭窄的环境中花费很长的时间。工作组扔掉了木屑，它们是真菌活动的主要场所。他们清洗、干燥和处理了这些箱子与标签，并检查、修复和翻新了这 25 000 个玻璃容器。一些罐子和瓶子缺少保存在酒精中的内标签，因此给它们补充了新的内标签。当然，所有的标签都被复制用以备份。之后，全部标本又被送回隧道内。这一次，工作组不再考虑使用木质的支撑，因为木头上太容易滋生真菌。弗雷泽·布伦纳运进来5000块砖和2000块石板，为这些标本罐和标本箱修建了260多米长的标本架。但是仍有一些别的问题需要处理，例如蚯蚓的活动破坏了隧道的地面，继而威胁到了标本架的平稳等。

回到伦敦

对酒精浸制收藏的彻底检修从1942年9月一直持续到1943年6月。这一工作在很大程度上是成功的，工作量也开始变得越来越小。到1944年中，弗雷泽·布伦纳终于参军去了，只留下一名助手来看护这些收藏并承担日常维护工作。1945年底，它们都回到了南肯辛顿。具有讽刺意味的是，博物馆里本来保存它们的地方完好无损，虽然炸弹破坏了博物馆其他的区域。

战后，弗雷泽·布伦纳继续他各种与鱼类相关的职业生涯，先后在新加坡和苏格兰经营过水族馆，并创建了《水族馆人》杂志。采石场依旧被废弃着，它的位置是保密的。但是那里的破碎玻璃器皿和石板证明了它在确保博物馆最重要藏品安全上的重要作用。

达尔文中心

这些酒精浸制收藏和许多其他标本，包括昆虫和蜘蛛的标本，近期又被挪动了位置。伦敦自然博物馆最新的主要建筑是65米长、8层楼高的达尔文中心，为纪念伟大的博物学家查尔斯·达尔文而命名。它位于沃特豪斯主建筑的西端，俯瞰着博物馆的花园。从2009年起，公众能够参观这个使用最先进环境可控技术的设施的某些部分，人们在此可以看到一些研究收藏，以及科学家们幕后的日常工作是如何进行的。在达尔文中心"动物学浸制标本"的一侧有27千米长的标本架，放置了2200万件标本，其中一些是由达尔文本人采集的。

达尔文中心这座杰出的建筑，是自 1881 年搬迁到南肯辛顿以来，伦敦自然博物馆最重要的一次扩张。在收藏过去的同时，它也明确地展望着未来。其中有令人激动的陈列和互动式的展出，包括高科技的阿滕伯勒（Attenborough）工作室。安吉拉·马尔蒙（Angela Marmont）英国生物多样性中心是一个面向业余博物学家、爱好者和社会团体的研究中心，在这里可以研究英国自然世界的方方面面，从动物、昆虫和植物到化石和矿物。该中心还设有专门的随时鉴定服务，在那里专家们可以为社会大众的各种奇怪发现答疑解惑。

当观众经过达尔文中心 12 米的气候变化墙时，会看到数以百计的有关自然界美丽和生物多样性的图像及影片；还有触摸屏，用来展示气候变化的案例，以及伦敦自然博物馆的工作人员作为在这一领域领先的研究人员是如何工作的。

外来入侵者

伦敦自然博物馆研究中最繁忙的领域之一，就是外来物种问题。它们影响着英国和世界各地的各种栖息地。一些新来者悄悄地溜进，在几乎没有被注意到的情况下，在当地动植物群中站稳了脚跟，也几乎没有导致什么问题。而另一些外来种则迅速作为广泛分布的入侵者变得臭名昭著，就像前文描述过的被称为海茜的海藻（见第 171 页）。为什么一些引进物种侵略性如此之强？它们如何改变了当地的生态环境，造成了什么样的危害，以及哪些当地物种受到了威胁？如果还有可能的话，在制订计划抵制入侵以前，科学家们需要知道所有

安吉拉·马尔蒙英国生物多样性中心，占据了八层楼高的达尔文中心的第一层，为自然历史组织和爱好者们提供工作空间、研究设备、书籍、在线数据库和其他一些资源。

现在，红松鼠只在英格兰少数地区出现，尽管它在威尔士和苏格兰并不少见。红松鼠种群数量的减少正好和灰松鼠的扩张相对应，但其中复杂的原因仍在探究中。

这些问题的答案。

对于许多入侵种而言，我们研究它们越多，事情就变得越复杂。一个熟悉的例子是两种松鼠的故事——红松鼠和灰松鼠。灰松鼠（*Sciurus carolinensis*）在大约19世纪末时抵达英国，它们比长期生活在这里的红松鼠更大、更勇敢，也更具侵略性。红松鼠除了生活在英国，在欧亚大陆也有分布，而灰松鼠则已经分布得非常广泛。自从灰松鼠一出现，娇小害羞的红松鼠（*Sciurus vulgaris*）的分布范围就开始萎缩。现在，红松鼠主要分布在威尔士和苏格兰，在其他地方只有很小的避难种群，例如在英国的怀特岛。

复杂的因素

大个子的美国松鼠吓跑了小个子的英国松鼠，这样的画面符合大多数人的预期。然而，这绝对不是故事的全部。在两种松鼠之间，几乎没有直接的战斗或者爪对爪的肉搏，原因在其他的地方。例如，灰松鼠在竞争有限的食物资源时更有优势，并且比红松鼠更能耐受严酷的冬季。用生物学的语言来说，灰松鼠是"更适者"，就像"最适者生存"所表达的那样。

栖息地的变化也是一部分原因。红松鼠曾经一度在英国的古老林地中非常繁盛，但是这些林地大部分已经消失了。留下来的林地往往也发生了变化，掺杂了非本地的树种。在这些地方，红松鼠不再像以前一样高兴，但适应能力更强的灰松鼠则不受什么影响。另外，灰松鼠会携带被称为松鼠副痘病毒的微生物，但是它们很少受到这种疾病的影响。而红松鼠则深受其害，在一些地区，有超过四分之三的红松鼠死于这种疾病。灰松鼠还能比红松鼠更好地对付一系列的捕食者，例如狐狸和家猫。还有一些其他因素，总之，这是一个错综复杂的网络系统。伦敦自然博物馆的专家们与信托机构、乡村机构和很多其他机构一起，仍在为解释这种情况而努力工作着。

蓝铃花之战

在英国的植物世界，也上演着多起与松鼠之争相似的外来种对本地种的战争。大叶醉鱼草（*Buddleja davidii*）善于吸引诸如蝴蝶之类的昆虫，但是作为一个扰乱地面生态系统的殖民者来说，它的昌盛和活力则意味着对其他物种的排挤。类似的还有来自中国的枇杷（*Eriobotrya japonica*），人们种植它是为了得到它苹果一样的果实。但是它也能垄断当地的植物群，并且它的果实能以不同寻常的方式改变植食性动物的平衡。日本虎杖（*Fallopia japonica*）是声名狼藉的积极侵略者，它能遏制其他植物的生长。在英国，法律要求土地所有者要迅速处理日本虎杖并防止其蔓延，而不是仅仅把它割下来扔到堆肥之上。它是"受控的废弃物"，应当用得到正式认

英国蓝铃花在林地中形成了迷人的春季景观。但是，随着受到各种各样的威胁，从非法采集到全球变暖，以及来自西班牙蓝铃花的竞争，这种可爱的花前景堪忧。

可的方式对其进行焚烧或者将其送去垃圾填埋场。不仅仅英国遭受到这种植物的危害，日本虎杖还被列为世界上 100 种恶性杂草之一。

"蓝铃花之战"是指普通蓝铃花或称英国蓝铃花（*Hyacinthoides non-scripta*）与所谓的西班牙蓝铃花（*Hyacinthoides hispanica*）之间的竞争。前者以其绚丽的蓝色花毯和美妙的花香成为英国树林春季的亮丽风景线；而后者虽然只略有香气，但却更为挺拔，有更大的叶子和花朵。后者往往比英国蓝铃花耐受更多样的环境，可以战胜并在其他方面潜移默化地损害英国蓝铃花。目前看来，英国林地的清香，正在因为一个傲慢无味的伊比利亚入侵者，而处于消失的危险之中。因此，英国标志性林地物种的持续生存问题已经引起了人们的关注。

几乎是两个物种

　　和松鼠一样，两种蓝铃花之间的关系也不是那么简单。实际上，这两个品种可以一起繁殖或者说进行杂交。仔细观察就会发现，现在在英国存在着一整个系列的介于这两种植株形态和类型之间的蓝铃花，人们称此为形态连续。这两个品种都在西班牙自然生长，并且历史上它们一起生长过的地方也存在着两种不同蓝铃花之间的杂交地带，就像在更加城市化的英国一样。然而，生长在西班牙的大多数蓝铃花并不像在英国发现的西班牙蓝铃花那样。这些相当难看的植物既不像西班牙本土的蓝铃花，也不像英国本土的蓝铃花。我们现在认为，它们有园艺性质的起源，但是 DNA 证据却指示它们的祖先可能来自葡萄牙，经由两国之间频繁的贸易往来而被带到了英国。

　　公认最好的两种蓝铃花，西班牙蓝铃花和英国蓝铃花，有一个共同的祖先。它们都是广泛分布的植物，目前正在分化为两个或者更多的品种，只是还没有发展出阻断它们之间相互繁殖的屏障。仅仅是地理隔离使它们分开并保持其基因的纯化。这一分化的发生经历了数千年的时间，正值西北欧和西欧气候及其他环境条件发生波动的时期。之后，人类突然消除了这些自然分化千年的结果。我们做鲜花和球茎的买卖，在园艺中使它们杂交来创造出新的品种，并且将它们种植到新的自然环境中。在英国，蜜蜂和类似的昆虫携带废弃花园中残留西班牙蓝铃花的花粉，将之授于英国蓝铃花品种之上，从而搅乱了基因库。

　　蓝铃花的研究还在进行中，随着时间的推移，情况也会变得越来越清楚。在这个故事中有积极的信息吗？在一定程度上说，是有的。威胁英国蓝铃花的另一个因素可能是全球变暖。随着气温的升高，英格兰部分地区的环境很可能变得太温暖，从而不适于英国蓝铃花生存。但是，这些改变后的环境条件可能适合西班牙蓝铃花。至少有蓝铃花总比没有好，不是吗？

革新思想

　　蓝铃花一类的困惑在分类学方面给伦敦自然博物馆的专家们增添了难度。分类学就是将生物分门别类的科学，它已经成为、并且依然将是伦敦自然博物馆的主要技能之一。博物馆的专家们和世界各地的同行一起，可以为讨论某个特定的蠕虫或者苔藓应该属于这个类群还是那个类群而花费数年的时间，因为他们都提出了各具优点的不同分类方案。对许多人来说，这么多的细节可能看起来迷惑不解。但是，对热爱秩序和组织的我们中的大多数人来说，分类的结果是值得欣赏的。它是一个分类单元的分类学框架，从最大的分类群到最小的分类群——门、纲、目、科、属、种，被系统地组织成一个层级体系，而新的发现能够被逐级归纳到这个体系之中。

　　然而，即使是看似保守的分类学也经历了巨大的变化。在最近几十年里，大多数生物学家都已经接受了一种生物分类方法的新思路。这就是支序分类学或称种系发生学。它是通过生物所具有的共有衍征来对其进行分类的，共有衍征就是假定不同物种从同一共同祖先继承而来的特征。

　　具有共有衍征的生物构成一个单源群，或称单源支系。一个支系就是一个包含来自同一祖先所有生物的分类群。也就是说，它们全部都被假定为这个相同祖先的后裔（单源的意思就是"一茎或一枝"）。任何两个或更多个支系也可以共有一个更远的祖先。因此，一个涉及许多生物物种的分类方案将会形成一个分枝状结构，看上去像一棵树，人们称之为进化树。

　　举个例了，我们可能会注意到所有已知的鸟类都有羽毛，而其他的动物是没有羽毛的。因此，长有羽毛就是鸟类区别于其他所有生物的共有衍征。

恐龙和鸟

　　支序分类学如何区别于其他的分类方法呢？首先，思考一下我们对鸟类的传统观念。鸟类被归入鸟纲这个分类群中，在分类层级体系中，鸟纲是处于"纲"一级的水平。爬行纲被公认为是另外一纲。人们认为，鸟纲和爬行纲在进化上是最密切相关的。传统上，爬行纲包括鳄鱼、喙头蜥、蜥蜴、蛇、海龟和陆龟。但是这些动物也与鸟类一起享有一个共同的祖先，所以爬行纲并没有包括这个祖先所有的后裔。因此，由于不包含鸟类，爬行纲只是一个人为的分类群。

同样的原理也适用于恐龙，恐龙包括了爬行纲中已经灭绝了的许多不同种类的爬行动物。一个被广泛接受的观点是，其中的一些种类，有可能是矮小的肉食恐龙，与鸟类关系最为密切。因此，和上面提到的爬行纲一样，如果将鸟类排除在恐龙支系以外，那么恐龙也只是一个人为的分类群。

今天，大多数的古生物学家都接受恐龙作为一个支系应当包含鸟类的观点。因此，对一些人来说，部分恐龙仍旧活着并且飞来飞去（作为鸟类），而部分已经灭绝并被称为"非鸟恐龙"。值得注意的是，"非鸟恐龙"这个术语表示的是一个人为的生物类群。大多数人会简单地将这个类群看成是恐龙的分类群，因为新的思维方式要花很长时间才能渗入公众领域。

支序分类学对我们划分自然世界的方式产生了巨大的影响。它侧重于生物的进化关系，而不仅仅是它们总体的相似性。它侧重于共有衍征，而不是简单的相似特征。最近以来，生物的特征可以被排成计算机数据矩阵，并使用计算机程序对其进行分析。科学家们正在持续检查标本和不断发现能够增加现有知识的新特征。此外，运用更复杂的计算机程序，科学家们将为物种之间的关系提供进一步的见解。

自然的启示

比用计算机对动植物进行分类更实用、更形象的，是不断发展的仿生学。这是模仿或者复制自然——把自然的物体、结构、材料和功能当作灵感来制作我们自己的人工版本。本质上，它是将生命转化为技术。仿生学正在工程、电子、化工制造、通信和许多其他科学领域内蓬勃发展，并且不仅在商业和工业中，在生活的许多其他方面——包括对金牌的追求方面也是如此。

仿生学中一个著名的例子，就是鲨鱼皮泳衣。生物学家们研究鲨鱼如何游泳时，发现在鲨鱼身体不同部位的皮肤上具有差别精细的表面结构。这是因为水流会根据身体各个部位的特定形状而有所变化。鲨鱼的鼻子必须推进到新的水域，头部沿着与水流夹角减小的方向行进，两侧与主水流的流向几乎平行，而当水从后缘滑落时，鳍和尾就会制造出涡流或者说漩涡。因此，鲨鱼皮肤上被称为鳞突的凹槽及微小突起结构——实际上就是它牙齿的微型版本——在大小、形状和间距上略有不同，以最大限度地减少水流所造成的阻力。

游向禁令

泳衣制造商们花费数年时间开发出了从脖子到脚踝的鲨鱼仿生泳衣。以鱼作为参照，泳衣不同部位的表面结构有所不同，以此来减少摩擦和对付流过人体那一部位的水流。其他向自然界学习的泳衣开发技术包括能够

据说灰鲭鲨（*Isurus oxyrinchus*）的时速可以在短时间内超过 70 千米 / 小时。在扫描电子显微镜下，鲨鱼皮肤显示出它微小而尖锐突出的盾鳞，赋予其粗糙、砂纸一样的感觉，也可以缓解水在皮肤上的湍流，减少鱼游动时的阻力。鲨鱼皮肤的显微结构启发仿生专家们开发出了新一代的高科技、低阻力的人类泳衣。

提供人体额外浮力的新型纤维。这意味着游泳运动员可以把更多的精力放在向前（或向后）游动上，而不必消耗能量用于保持浮在水面上。当游泳运动员们穿上这些新泳衣时，记录被打破了，但是争议也随之而来。相对于那些买不起高科技泳衣的参赛者来说，这样的科技是否赋予了那些能够利用高科技泳衣的人一个不公平的优势呢？这是否将游泳运动员的竞争转变成了泳衣的竞争呢？最后，2009 年，世界游泳管理机构——国际泳联（FINA）决定在正式比赛中禁止使用高科技泳衣。

生命的起源

伦敦自然博物馆的矿物学收藏包含数十亿颗"宝石"。但是它们很微小，嵌在一些存在时间非常久远的物体——陨石中。这些陨石来自小行星、月球和火星，并且在到达地球表面以前，壮观的流星是它们穿越大气层旅行的信号。实际上，陨石是来自太阳系——太阳、太阳的行星以及行星的卫星——形成时期的材料样本。陨石研究有时也被称为实验室中的天文学。

使用通过放射性衰变所产生的元素形式（同位素）为陨石测定年代，结果显示很多陨石形成于大约 46 亿年前，这已经成为公认的太阳系的年龄。

球粒陨石是石质陨石，它们中的一些被称为碳质球粒陨石，富含了生命的基本化学元素——碳、氧、氢、氮。事实上，其中有些含有叫作氨基酸的化学分子，氨基酸是构建蛋白质的基本原料，而蛋白质是所有活体组织中至关重要的组成部分。已知最大的碳质球粒陨石是有小汽车那么大的阿连德陨石。它于 1969 年落在墨西哥的奇瓦瓦地区。在它于大气层中飞行期间，大块陨石破碎成了数以千计的阿连德陨石。很久很久以前，阿连德陨石诞生于气体和尘埃的星盘中，太阳和行星们也同样诞生于此。实际上，阿连德陨石的一些部分（成分）甚至有可能形成得比太阳系本身还要早。它含有多种矿物的痕迹，例如来自遥远空间、可能从恒星或超新星的爆炸在伦敦自然博物馆中，最新的技术会以各种不同寻常的方式发展起来。"光之山"钻石，作为曾经世界上最大的钻石，近期成了一个研究课题，目的是要查明它为什么没有像预期那样闪耀。这枚来自印度的钻石，以其最初的莫卧儿切工或者说形态，在伦敦海德公园 1851 年的博览会[1]上展出，引起了巨大的轰动。然而，伦敦的《泰晤士报》却报道："也许由于其不完美的切割，或者是有效设置灯光的难度……很少能捕捉到它所反射的任何光辉。"第二年，在阿尔伯特王子的命令之下，这颗钻石被重新切割。在减少了五分之二的质量之后，它的闪耀程度得到了改进。

伦敦自然博物馆的研究者们为了调查这一事件的原因，使用了那时制作并被保存在博物馆收藏中的唯一一块石膏模型。人们也制作了一件复制品用于展厅的陈列，并把它的形状编程输入计算机中。计算机的运算揭示了莫卧儿切工如何以其宽阔的平底和 200 个切面（而不是现代圆钻型切工的 57 个切面）限制了光线在钻石内部的反射，而正是反射能够使钻石显得闪闪发亮。使用计算机生成的模型和光源，科学家们能够重建博览会上的照明环境；最后科学家们再次得出结论，就这种老式的切割方式来说，观看这块钻石的最佳时间，大约是在下午的两到三点，当太阳正处于某个特定角度的时候。

1　即万国工业博览会。——译者注

这块长约 10 厘米的石头，是最著名的陨石之一——阿连德碳质球粒陨石的一部分。它的部分表面被黑玉色的熔壳所覆盖，这是它在进入大气层时与空气摩擦所形成的高温造成的。

中逃逸而出的钻石。

　　伦敦自然博物馆中一系列的研究，是要看看这些陨石是否有可能轰击了早期的地球并在此星球上播下了生命的种子，或者是促成了现成生命初期形式的形成。如果在地球上曾经发生过这样的事，那么在其他星球上是否也发生过呢？未来，来自陨石的新线索可能会揭示我们太阳系中生命的起源。

未来的博物馆

　　对于像伦敦自然博物馆这样的机构来说，未来将会是什么样的呢？展示信息的方式无疑将会继续向前迈进。也许没有什么能比得上人们在看到真正实物展品之后瞠目结舌的震惊之情——伸展到远方的蓝鲸，露着牙、凶恶咆哮的电动霸王龙，美到令人窒息的蝴蝶与花朵，还有邪恶的蜘蛛。但是全息技术、3D 投影、沉浸式的展出和更多互动式的展出都在发展之中。伦敦自然博物馆的许多展厅已经有了在线虚拟导览，这些新形式

（右页图）

伦敦自然博物馆的达尔文中心，在泛光灯照射下的主建筑的西端，发出动人的光芒。主建筑和达尔文中心对公众开放的时间，间隔了 128 年。在往后的一百多年里，博物馆的未来将会是怎样的呢？

会继续扩展。

在幕后，研究的进展不知不觉间将会加速。一百年前，科学家们对分子生物学知之甚少，也不知道 DNA 是如何工作的——这些领域绝对是今日专家们的研究核心。就算 50 年前，DNA 的双螺旋结构已经被发现，但是遗传密码的指令如何转化为生命物质却仍属未知。接下来的 50 或 100 年必将开辟出我们今天所不能想象的全新的科学领域。也许会出现大量编码到原子和分子中的新信息层。物理学家们称之为"纠缠"（entanglement）的奇异现象可能会使物质的空间转移成为可能。DNA 操纵技术可能也会进步到一定的水平，使侏罗纪公园那样的再现生物成为可能。

进入第三个千年

当如此众多的物种正面临如此严重的生存危机时，搜集实物标本还能继续下去吗？也许，这也将变成虚拟的。人们可以扫描植物和动物，并只提取它们组织的微小样本。这样，它们既可以保持在自然界中的完整性，同时也进入收藏之中，因为 3D 影像能显示其内部和外部每一个微小的解剖和功能细节，它们也会作为条目进入 DNA 和其他分子数据库中。

当第三个千年来临之时，伦敦自然博物馆和许多其他博物馆一样，正在发生着变化，旨在成为一个更加开放和更加外向型的机构，少一点高冷的学术机构的味道。它引进了最新的技术仪器，从激光蒸发器和 X 射线扫描仪到电子显微镜和 DNA 测序仪。为了增强公民的科学意识和鼓励公众互动、在线交流，促进志愿者驱动的调查、环保项目的最佳效果等，伦敦自然博物馆正在向世界各地的人们张开怀抱。

伦敦自然博物馆正不断努力，以提高其作为一个世界上卓越的生命科学中心和一个创新、无与伦比的展示空间的声誉。当我们回顾过去，吸取能够帮助我们应对未来挑战的教训时，伦敦自然博物馆海量的动植物收藏将会变得越来越有用。除了作为一座收藏逝去生物的博物馆，伦敦自然博物馆更将成为一座"生命的博物馆"。

译后记

　　近代的英国是世界上最强大的国家，在政治、宗教、科学、社会、经济、文化等方方面面深刻地影响了欧洲，乃至整个世界现代文明的进程。伦敦自然博物馆原本是18世纪50年代末建成开放的大英博物馆的一部分，19世纪80年代单独成馆并对外开放。它既是近代英国时代发展的产物，也见证了近代英国的繁荣和辉煌。作为一座生命的博物馆，一方面，它的发展史涵盖了博物学史上的重要发展阶段，另一方面，它也汇集了我们这个快速变化的地球上曾经生活过的，有些现在已经消逝了的大量生物物种。它在科学研究、科学普及和环境保护等很多领域，对英国和全世界都产生过巨大的影响。

　　反观我们国家，最早由中国人自己创建的自然博物馆是建于1951年的中央自然博物馆筹备处，也就是后来的北京自然博物馆。我国古脊椎动物学的奠基人杨钟健先生曾任第一任馆长。中国的自然博物馆出现得晚，与近代中国积贫积弱、战争连年的历史和中国在自然科学方面教育、发展水平的落后密切相关。最近几十年，我们国家的经济实力可以说得到了飞速的发展，人民生活水平也有大幅度的提高。虽然对自然科学的教育可说达到了前所未有的重视，然而人民大众的自然科学素养和环境保护意识与发达国家相比还有很大的差距。回想起有一年春节，家中的亲戚问我：
"你们的工作到底有什么用啊？"我竟然一时无言以对，因为按照
他们的有用，就是能挣大钱，产生立竿见影的经济效益。像我们
这样搞基础研究、写论文的工作，大抵是没什么用的，也不能够
光宗耀祖、衣锦还乡。

我们本来就生活在自然界中，是自然的一部分，中国传统思
想里的"天人合一"大概讲的就是这个意思。因此，我们自然而
然会对我们所在的这个自然世界产生很大的好奇心。不过，短浅
的、只重眼前经济利益的眼光，让我们看不到自然的大而可畏，
让我们忽视了自然母亲的亲切馈赠，从而失去了谦卑、敬畏和感
恩的心。因此，当自然法则开始运转的时候，降临到我们头上的
就是重重的惩罚。我想，现在全国范围内多发的雾霾天气，就不
用我再去多作介绍了吧。借用一句歌词"谁都是造物者的光荣"，
我们应该学会认清自己在自然界中的位置，在享受和利用大自然
的同时，学会敬畏、欣赏和保护她，并与自然界其他生物和睦地
相处。

2016 年春节刚过，重庆大学出版社在胡昌健、魏光飚两位先
生的联系、推荐下找到了我，希望有一个专业的人帮忙翻译来自
伦敦自然博物馆的《生命的博物馆》（*Museum of Life*）一书。由于
我大学时学习的是生物专业，研究生时学习的是古生物专业，毕
业后又在博物馆从事旧石器时代古人类学方面的发掘、研究工作，
所以，我对书中所涉及的专业领域并不算陌生。再加上，这本书
是配合 BBC 的一部同名纪录片而出版的，里面有大量精美的插
图，可读性、趣味性都非常高。于是，我就接下了这份翻译的工
作。然而，本书的翻译却远不像我想象的那样简单，在繁忙的工
作生活之余，为了完成这本书的翻译，花费了我大量的时间和心
力，同时也让我收获了非常多的感触。使我发自内心钦佩的，除
了伦敦自然博物馆里海量的精美收藏品、丰硕的科研成果及在生

活中的应用以外，还有科研工作者们认真求实、脚踏实地的工作态度和对博物馆工作发自内心的热爱。欧文、达尔文、罗斯柴尔德等都是其中非常杰出的代表，他们中的很多人，还是现代环境保护工作的先驱。在公众教育方面，从维多利亚时代，英国的民众就热衷于对自然知识的学习；现在的伦敦自然博物馆更是吸引民众参与到一些环境保护、生物多样性的项目中来，最大限度地调动社会资源，产生了低成本、良性、广泛、三赢（博物馆、大众、自然界）的社会效益。但是，对于我们这么一个幅员辽阔、人口众多的大国来说，通过吸取别人的教训、借鉴别人的长处来发展与我们国家相匹配的国际一流的自然博物馆，目前依然任重而道远。

通读这本书的英文版，语言优美流畅、通俗易懂，所涉及的领域非常广泛，足见作者科学素养的积淀之深和科学普及的功力之强。相比之下，我们自己这样的著作很少，非常值得向他们学习。在翻译过程中，我也深感自己的水平有限，希望大家能够多多批评指正我的错误。无论您是否去过伦敦自然博物馆，相信这本书都能带给您一些新的收获。感谢重庆大学出版社选了一本这么优秀的科普著作，也谢谢胡昌健、魏光飚两位先生的信任和推荐，更要感谢周忠和院士为这本书的中文版作序。最后，非常荣幸能够翻译这本书，希望大家喜欢。

庞丽波

重庆中国三峡博物馆

2017 年 2 月 17 日

图书在版编目（CIP）数据

生命的博物馆 /（英）史蒂夫·帕克
(Steve Parker) 著；庞丽波译 . -- 2 版 . -- 重庆：重
庆大学出版社，2022.8
书名原文：Museum of Life
ISBN 978-7-5689-3213-4

Ⅰ . ①生… Ⅱ . ①史… ②庞… Ⅲ . ①博物馆 – 普及
读物 Ⅳ . ① G26–49

中国版本图书馆 CIP 数据核字 (2022) 第 054141 号

Museum of Life was first published in England
in 2010 by The Natural History Museum, London.
Copyright © Natural History Museum, 2010

This edition is published by
Chongqing University Press by arrangement
with the Natural History Museum, London.

版贸核渝字（2016）第 229 号

生命的博物馆（第 2 版）
SHENGMING DE BOWUGUAN

［英］史蒂夫·帕克　著

庞丽波　译

责任编辑：王思楠
责任校对：谢　芳
责任印制：张　策
内文制作：常　亭

重庆大学出版社出版发行
出版人：饶帮华
社址：（401331）重庆市沙坪坝区大学城西路 21 号
网址：http://www.cqup.com.cn
印刷：重庆升光电力印务有限公司

开本：720mm×960mm　1/16　印张：14.75　字数：223 千
2022 年 8 月第 2 版　　2022 年 8 月第 2 次印刷
ISBN 978-7-5689-3213-4　　定价：68.00 元